Freimut Kirstädter-Obermayer

rot ist rot! Ist rot?
Wie real ist unsere Realität?

Buch

„In Wirklichkeit ist die Realität ganz anders" – dieser Satz beschreibt am besten den Ansatz dieses Buches: mit Hilfe der menschlichen Sinne erklärt der Autor zunächst, weshalb die dreidimensionale Umwelt, wie wir sie kennen, nicht in der uns bekannten Form existieren kann. In den folgenden Kapiteln beschreibt er dann die Auswirkungen auf die unterschiedlichsten Bereiche des menschlichen Lebens.

Freimut Kirstädter-Obermayer

rot ist rot! Ist rot?
Wie real ist unsere Realität?

Copyright © 2014 by Freimut Kirstädter-Obermayer
Herstellung und Verlag: BoD – Books on Demand, Norderstedt
ISBN 978-3-7357-4241-4

Das Vervielfältigen, Kopieren, Übersetzen, Zitieren, Veröffentlichen in jeder derzeitig und zukünftig möglichen Form bedarf der schriftlichen Zustimmung des Autors.

Diese dunklen Stunden, wenn du zur tiefsten, zur einfachsten und der wahrsten aller Wahrheiten gelangst. Das einzige, was wichtig ist, ist „Ich existiere." Das ist es. „Ich existiere." (....) An diesem einfachsten aller Orte ist es, wo ihr beginnt, den Schlag zu hören, den Rhythmus eurer Seele. „Ich existiere und deshalb bin ich." Das ist alles, was wichtig ist. Alles, was wichtig ist.

Adamus

Da das Universum subjektiver statt objektiver Natur ist, gibt es tatsächlich nur Bewußtsein, intelligente Energie - sei es nun als ein Stück Quarz, als Ameise, als Mensch oder als etwas Außerirdisches. Alles lebt. Es gibt nichts ohne Gefühl. Das Feld der Wirklichkeit ist gesättigt von Sinn und Zweck.

Jose Argüelles

Inhalt

Einladung 8
Sinneswahrnehmung 9
   Sehen 9
   Hören 10
   Riechen 13
   Schmecken 14
   Zwischengedanke 14
   Tastsinn 16
Was bleibt 19
Schöpfungsgeschichte 21
Bücher lesen 23
Der Trend 26
Homöopathie 28
Lichtnahrung 32
Selbstmassage 34
Intelligenz der Zellen 35
Pendeln 40
Materie 43
Zeit 45
   Lineare Zeit 47
   Chronopharmakologie 49
Ort 52
Kommunikation 55
   mit Menschen 57
   mit Tieren 62
   Krafttiere 65

Tiere untereinander	68
mit Pflanzen	71
mit Gegenständen	73
mit Feuer	77
Pendeln	78
Stimmen und Visionen	80
Inhalt	82
Störungen	86
Danken	88
Was fehlt	90
Liebe	92
Danksagung	93
Anmerkungen	95
Kontakt	100

Einladung

Liebe Leserin, lieber Leser, komm her und setz Dich zu mir.

Ich möchte Dir erzählen.
Ich möchte Dich teilhaben lassen an meinen Gedanken der letzten Wochen und Monaten.

Für mich Faszinierendes, weil es einerseits mein Verständnis von Realität völlig umgedreht hat. Und weil es zum anderen vieles meiner bisher gelebten Weltsicht verständlich macht.

Ich möchte Dich daran teilhaben lassen, hoffe auch auf Deine Einwände und Gedanken.
Ich möchte mich mit Dir auf den Weg machen – und bin gespannt, wohin uns dieser Weg führen wird.

Gehen wir.

Rot ist rot! ist rot?
  oder
  seh' ich etwas, was Du nicht siehst?

Sehen

Wenn ich auf eine Ampel zufahre, sehe ich das Ampellicht in rot, gelb oder grün. Vorausgesetzt die Ampel funktioniert und ist eingeschaltet.

In Wirklichkeit ist es aber doch so, dass eine bestimmte Wellenlänge, die von der Ampel ausgeht, die Sensoren in meinen Augen trifft. Die so getroffenen Sensoren geben dann diese Info per elektrischen Nervenimpuls an den Teil meines Gehirns weiter, der die visuellen Daten verarbeitet.

Und dort entsteht eine – im wahrsten Sinne des Wortes – Vorstellung von einem roten (oder gelben oder grünen) Licht.
Was dort, wo meine beiden Augen auf Grund ihrer Stereo-Sicht die Lichtquelle vermuten, wirklich ist – ich weiß es nicht.

Und - noch verunsichernder: ich weiß nicht, was Du siehst – bzw. der Polizist, der neben mir steht und fragt: haben Sie nicht das Rot gesehen?
Was machst Du, werter Leser, in Deinem Gehirn mit dieser „roten" Wellenlänge?

Vielleicht sieht in Deinem Gehirnbild Dein Rot wie mein Grün aus, oder Dein Gelb wie mein Blau?
Wie sieht Deine Realität aus?

Es erinnert mich ein wenig an meine Digital-Kamera, an der ich einstellen kann, ob z.B. das folgende Foto schwarz-weiß oder sepia aufgenommen werden soll.

Vielleicht gibt es deshalb Menschen, die von Kindheit an depressiv sind: das wäre ich wahrscheinlich auch, wenn ich meine Umgebung ständig in sepia sehen würde.
Oder die hyperaktiven Kinder: vielleicht sehen diese alle „meine" Grüntöne in rot und stehen deswegen permanent unter Strom wie ein wildgewordener Bulle?

Wie willst Du das überprüfen? Wie soll ich jemandem begreiflich machen, welche Farbe ich sehe? „Wie" sieht „rot" aus?

Das einzige, auf was wir uns einigen können, ist: Rot hat die Wellenlänge von ca. 630 bis 700 nm[1]. Immerhin etwas. Und wissenschaftlich. Aber nichtssagend in Bezug auf meine Wahrnehmung und auf mein Bild von der Realität.

Und das Sehen betrifft ja nicht nur die Farben.
Es gab in den 1950er Jahren Versuche mit Brillen, mit denen man die Umwelt als auf dem Kopf stehend sah[2]
Schon nach relativ kurzer Zeit „sah" der Brillenträger die Umwelt wieder „korrekt" – was auch immer das ist. Das Gehirn hat die ankommenden Informationen gedreht.

Mein Sehen findet also *in meinem Gehirn* statt. Eine Aussage darüber, *was* ich sehe, ist nicht möglich.

Hören

Gleiches wie für das Sehen gilt auch für das Hören.

Wellen, die in ihrer Frequenz verschiedenen Tonhöhen entsprechen, treffen auf unser Ohr. Das

Trommelfell gerät in Bewegung, setzt diese Bewegung in elektrische Impulse um und sendet diese über die Nervenbahnen an das Gehirn weiter.

Und das Gehirn macht daraus die Geräusche, die wir dann „hören".
So einfach so gut. Solange es sich um den Kammerton a mit 440 Hz handelt.
Auch dass er vielleicht von schräg rechts vorne kommt, und das Gehirn auf Grund der beiden Impulse, des rechten und des linken Ohres, diese Richtung erkennen kann.

Spannender finde ich schon, dass die Welle auch noch Informationen mitliefert, ob z.B. der Ton auf einer Geige gespielt oder auf einer Querflöte angeblasen wurde.

Noch mehr begeistert mich die Fähigkeit meines Gehirns, auf Grund der elektrischen Impulse zu erkennen, ob mir gerade eine männliche Stimme in aggressivem Ton „Du Knallkopp" zuschreit – oder eine weibliche Stimme ein „ich mag Dich" haucht, also nicht nur den Ton zu hören, sondern die Information, die eine Tonfolge mit sich trägt, zu verstehen.

Und auch die Fähigkeit meines Gehirns, in einer Diskothek alle lästigen Nebengeräusche wegzufiltern zu versuchen, sodass ich nur noch – zwar schlecht, aber immerhin – die Frage meines Nachbarn höre, ob es sich um sein Bier handelt, welches da zwischen uns steht, finde ich großartig.

In einem klassischen Konzert kommen die Klänge der Orchesterinstrumente nicht als einzelne Töne in meinem Gehirn an, sondern als ein zusammenklingender Sound, den mein Gehirn auseinander nehmen kann, um mir mitzuteilen: der tiefe Ton da, der kommt von den Celli, und bei dem Plinkerklang handelt es sich um das Klavier, und der Huster, der kommt von meinem Nachbarn zur Rechten.

Und parallel zur Verarbeitung der Audiowellen bekomme ich noch die Auswertung meiner visuellen Wellen, die mir zeigen, dass meine Nachbarin zur Linken sehr schöne Hände hat.

Und die olfaktorische Auswertung sagt: sie hat ein sehr apartes Parfüm.

Aber dazu später.

Noch einmal zurück zu den Audiowellen:
Auch hier mag mir Beethovens 6te noch so sehr gefallen: ich weiß nicht, was meine Nachbarin hört – z.B. diese silbern glänzende Querflöte mit ihrem zarten Ton – vielleicht sieht sie eine rote Flöte, die einen trötenden Ton hervorbringt? Weil ihr Gehirn den elektrischen Impuls anders auswertet.

Ich war letztens mit meinem Chor bei einer Stimmbildungslehrerin.
Ich fand es faszinierend, wie sie vor einzelnen Chormitgliedern stand, und ausschließlich an Hand der Stimme erkennen konnte, ob der Ton im Mundraum vorne oder hinten gebildet wurde, wo die Zunge dabei lag, ob die Stimmbänder gespannt oder locker waren und vieles mehr, was ich, obwohl ich denselben Ton hörte, nicht erkennen konnte.

Wir können wiederum nur wissenschaftlich untersuchen, wie die Wellen, die unsere Ohren erreichen, geschaffen sind – hinsichtlich Wellenlänge, Tonhöhe, Lautstärke.

Aber was ich höre, weißt Du nicht.

Zum Sehen gibt es noch zwei bedeutsame Unterschiede:
Zum einen breitet sich der Klang im gesamten Raum aus. Das heißt, egal wo ich im Raum stehe: wenn eine Person im selben Raum laut etwas sagt, dann kann ich – sofern ich nicht schwerhörig bin – dies hören, egal ob ich mit dem Rücken oder mit der Seite zu dieser anderen Person stehe.

Beim Sehen gibt es zwar auch dieses raumgreifende Licht: beispielsweise das Sonnenlicht.
Aber wenn ich mit dem Rücken oder mit der Seite zur Ampel stehe, dann kann das Licht noch so intensiv leuchten: diese Info läuft an mir vorbei – und ich nehme sie nicht wahr. Ich habe noch nicht einmal die Ahnung, dass dort eine Info ist, die mich vielleicht interessieren könnte.

Und zum anderen: die Schallwellen lassen, auf die Entfernung und auf die Zeit hin gesehen, nach. Das hat seine Vorteile ..., seine extremen Vorteile ...
Lichtwellen hingegen sind auch noch nach Milliarden von Jahren und noch aus einer Entfernung von Milliarden von Kilometern sichtbar: Sterne wären sonst für uns nicht erkennbar.

Riechen

Kaffee, Meeresgischt, Gegrilltes - Gerüche sind schon eine feine Erfindung des Universums.

Und von den anscheinend 1 Million verschiedenen Düften, die es hier auf Erden geben soll[3], können wir Menschen einige tausend identifizieren und in unserer Erinnerungsdatenbank hinterlegen.

Ohne auf die Feinheiten wie Riechkolben, Riechschleimhaut etc. näher einzugehen, welche man ja jederzeit im Internet recherchieren kann, bleibt mir wieder die Feststellung: auch hier werden die Duft-Daten in der Nase in elektrische Impulse umgesetzt und auf den Weg zur Datenverarbeitung ins Gehirn geschickt.

Und dort passiert dann – hier auch noch in Verbindung mit dem Geschmackssinn – wiederum eine Umsetzung, die bei mir sicher eine ganz andere ist als bei Dir. Denn: wie können wir überprüfen, ob mein Kaffee für mich genauso duftet wie für Dich?

Der Auslöser ist zwar derselbe, der empfundene Geruch aber entzieht sich unseren Möglichkeiten eines Vergleichs.

Schmecken

Ich möchte nicht langweilen: Dir ist sicher inzwischen klar, worauf ich hinaus will beim Geschmackssinn.

Ich erspare mir also das Schreiben – und Dir das Lesen.
Das Ergebnis möchte ich Dir dennoch kurz mitteilen: wir essen dasselbe, aber ob wir dasselbe schmecken, können wir nicht überprüfen.

Zwischengedanke

Eine Fülle von Informationen befindet sich um uns herum: Wellen, deren Informationen unsere visuellen, auditiven, olfaktorischen und geschmacklichen Sinne überschütten.

Vieles selektieren wir aus, weil wir nicht in der Lage sind, es aufzunehmen und zu verarbeiten, bis die nächsten Informationen kommen. Vieles nehmen wir nicht wahr, weil wir nicht damit rechnen oder es nicht kennen. Ich als begeisterter Klavierspieler höre bei jedem Musikstück heraus, ob ein Klavier mitspielt. Bei Musikstücken für Streicher kann ich, als langjähriger Geigenspieler, erkennen, um welches Instrument es sich handelt (also Violine, Viola, Cello oder Bass) und kann zum Teil auch erkennen, auf welcher Saite der Ton erzeugt wurde. Im Gegensatz dazu kann ich bei einem Musikstück für Blechbläser keinen der Klänge einem Instrument sicher zuordnen.

Dies hängt zum einen mit Erfahrung zusammen, aber auch mit der Liebe zum jeweiligen Instrument, der mich dessen Klang unter der Fülle der Informationen sicher herausfinden lässt.

Das bedeutet, dass, je mehr Dinge mich interessieren, je mehr mir wichtig ist, je mehr ich liebe, die Welt um mich herum reicher und reichhaltiger, farbiger und „duftiger" wird.

Aber es sind ja nicht nur die Wellen unterwegs, die ich mit meinen Sinnen aufnehmen kann. Hinzu kommen z.B. die natürlichen Wellen, die von unseren Sinnen nicht empfangen werden können, weil diese nicht fein genug arbeiten: sehr hohe Töne, oder die Unmenge an Düften, die ein Hund im Unterschied zum Menschen erkennen, unterscheiden und zuordnen kann.

Hierzu zählen auch u.a. radioaktive Strahlungen

Und dann noch die künstlich erzeugten Wellen: Radio- und Fernsehwellen, GPS-Informationen, Handy-Wellen. Für diese Wellen benötigen wir Geräte, um sie überhaupt senden, empfangen, also nutzen zu können.

Wir leben in einer Welt voller Informationen, von der wir nur einen minimalen Teil mit unseren körperlichen Möglichkeiten wahrnehmen können.

Es gibt aber durchaus Menschen, die einzelne Sinne, z.B. auf Grund einer körperlichen Einschränkung wie Blindheit, stärker sensibilisiert haben.
Oder auf Grund einer genetischen Mutation[4].
Und es gibt Menschen, die auch künstlich erzeugte Wellen wahrnehmen können.[5]

Wie dem auch sei – diese ganze Fülle an Informationen wird uns noch weiter beschäftigen.
Aber zuvor noch etwas zum letzten der fünf menschlichen Sinne.

Tastsinn

Das Kapitel über den Tastsinn möchte ich wieder ausführlich halten.

Auch hier ist es so, dass Berührungen welcher Art auch immer – ob Windhauch, Streicheln oder das Hängenbleiben mit dem Arm an einer Dornenhecke – als elektrischer Impuls über meine Nerven an die entsprechende Auswertungsstelle im Gehirn gegeben und dort in einen „Schmerz" oder in eine andere Form von Berührungsempfindung umgesetzt wird.

Das bedeutet aber: auch hier kann ich nicht prüfen, was mich wirklich berührt hat, - ich bilde diese Berührung ja nur aus den elektrischen Impulsen ab, die auch durch etwas anderes, z.B. einem Stromstoß, ausgelöst sein können.

Jetzt kannst Du sagen: ich sehe ja, ob der Hund des Nachbarn meine Hand abschleckt oder ob es sich um einen Waschlappen handelt, den ich spüre.

Aber: ich kann mich ja nicht auf mein Sehen verlassen (s.o.).
Die Frage ist also: *wie kann ich verifizieren, was um mich herum ist?*

Ich erstelle mir aus den elektrischen Impulsen, die mein Gehirn erreichen, ein „Bild" meiner Umgebung, aber mir fehlt jede Möglichkeit, die diesem Bild zugrundeliegende Realität zu erkennen.

Und ich kann noch einen Schritt weitergehen: wenn ich die Materie *um mich herum* nicht mehr verifizieren kann: *wie kann ich mir sicher sein, dass ich einen Körper habe?*[6] Denn: ich sehe meinen Körper, manchmal rieche ich ihn, ich spüre ihn, aber: was sehe ich? Was rieche ich? Auch hier empfange ich im Gehirn elektrische Impulse. Ist mein Körper wirklich da? Oder welche Realität gibt mir diese elektrischen Impulse? Und wenn meine Gliedmaßen, mein Körper nicht verifizierbar sind, wieso sollte es dann mein Gehirn sein? Warum soll es „da oben in meinem Kopf" eine graue Masse geben?

Und dann bleibt letztendlich nur eines, auf dessen Existenz ich mich verlassen kann: mein Bewusstsein. Weil ich ja denken kann.
Ich kann mir noch nicht einmal sicher sein, dass Du, werter Leser, werte Leserin, überhaupt existierst.[7]

Vielleicht fragst Du Dich jetzt, warum ich dann überhaupt dieses Buch schreibe, warum ich mich überhaupt an Dich wende, wenn ich mir Deiner Existenz nicht sicher sein kann.

Prinzipiell hast Du Recht.

Aber: ich muss monatlich meine Miete, meine Versicherungen und auch mein Essen bezahlen. Egal, ob es das alles gibt oder nicht.

Und:
Ich möchte diese Gedanken gerne mit jemandem teilen.

Und deshalb schreibe ich dieses Buch.

Materie
    oder
        was lebt denn da?

Also noch einmal zusammengefasst: das einzige, dessen ich mir sicher sein kann, ist:
ich lebe.

Und: wahrscheinlich gibt es etwas außerhalb von mir, was auch lebt.
Zumindest, solange ich nicht davon ausgehe, dass ich Gott selber bin und alles nur träume.

Da ich aber nicht ganz allein sein möchte, streiche ich einfach diese zweite Möglichkeit und nehme an, dass auch Du existierst.

Dann kann ich Dich aber nur erkennen, weil wir - in irgendeiner von mir mit meinen derzeitigen Möglichkeiten nicht überprüfbaren Form – Kontakt miteinander haben.

Weil wir beide miteinander kommunizieren können, sind wir zwei Wesen, die sich ihrer bewusst sind. Und deshalb einander mitteilen können, dass sie da sind.

Zwischen Menschen ist das nachvollziehbar. Aber weitergedacht gilt das folgerichtig auch für alles andere, was ich wahrnehme.
Also konkret: auch für einen Stein, einen Vertreter der sogenannten „toten Materie".

Wenn *ich* evtl. nicht als Körper existiere, dann kann ich ja nicht „objektiv" „da draußen" einen Stein anschauen – mir fehlen ja für eine objektive Sicht meine Sinnesorgane, meine Distanz.

Der Stein und ich sind aber in irgendeiner Weise in Kontakt miteinander, denn manchmal sehe ich ihn und manchmal sehe ich ihn nicht, und manchmal erhalte ich die Information, dass ich mich an ihm gestoßen habe.
Da ich also manchmal den Stein wahrnehme und manchmal nicht, schließe ich daraus, dass auch dieser Stein eine Form von Bewusstsein haben muss, um mit mir kommunizieren zu können, um mir z.b. mitteilen zu können: „he Du, schau, hier bin ich."

Folgerichtig kann ich somit nicht mehr unterscheiden zwischen toter Materie und lebendigen Wesen.
Denn alles, was ich wahrnehme, lebt, *kommt auf mich zu* und nimmt Kontakt mit mir auf.

Anders ausgedrückt:
Es gibt Bewusstsein,
dieses teilt sich mit, indem es in Bewegung aufeinander zu ist,
es gibt dem anderen die Information: *ich bin ich*,
und dieses Mitteilen ist *Kommunikation*.

Ich bin übrigens nicht ganz allein mit diesem Gedanken.

Der Vorsokratiker Heraklit ist bekannt für seine Bemerkung: panta rhei – alles fließt. Und was heißt das anderes als: alles ist in Bewegung.

Der Buddhismus hat sogar einen eigenen Begriff für die Illusion der Realität: das Maya.

Und folgender Satz soll von Albert Einstein stammen: „Realität ist bloß eine andauernde Illusion."

Der Geist Gottes schwebte über den Wassern
oder
ein kleiner Exkurs in Sachen Hebräisch

Die Bibel besteht aus 2 großen Teilen: dem Alten und dem Neuen Testament.
Das Neue Testament, in griechischer Sprache verfasst, schildert in den Evangelien das Leben Jesus Christi und besteht zudem u.a. noch aus einem Bericht über den Beginn der christlichen Gemeinden sowie aus Briefen.
Das Alte Testament ist der vorchristliche jüdische Teil der Bibel und enthält, beginnend mit der Entstehung der Welt, bis zu den geschichtlichen Berichten über die Freiheitskriege der Makkabäer kurz vor der Zeitenwende eine Fülle an Texten: prophetische Texte ebenso wie Gesetzesbücher sowie eine Liedersammlung.
Und dies alles in hebräischer Sprache.

Im Vergleich zur deutschen Sprache besitzt das Althebräische erheblich weniger Vokabeln. Daraus folgt, dass ein hebräisches Wort häufig eine viel größere Bedeutungsvielfalt als ein deutsches Wort hat.
Wenn ein Jude in vorchristlicher Zeit ein hebräisches Wort verwendete, dann klangen im Hinterkopf viele Assoziationen mit, die wir in unseren Übersetzungen nicht mittransportieren können, wenn wir nicht zu jedem Wort einen halben Kommentar mitliefern wollen.
Aber dies nur am Rande.

Was mich hier interessiert und weshalb ich diesen kleinen Exkurs mache, ist die Schöpfungsgeschichte. Besser: der Beginn der Schöpfungsgeschichte.

Gen 1,2: „... und der Geist Gottes schwebte über den Wassern."

Da erst danach die Erde aufgeteilt wird in festes Land und in Meer, muss es sich bei diesen Wassern (Mayim[9]) um etwas anderes handeln als das handelsübliche, in Plastikflaschen abfüllbare Wasser.
Im Gesenius[10] wird es „das Wasser als Urstoff" bezeichnet.
Meiner Ansicht nach könnte es auch mit „Wellen" übersetzt werden können, weil Wellen ein herausragendes Merkmal von Wasser sind.

Und Gottes Geist? Das in der Schöpfungsgeschichte gebrauchte hebräische Wort ruach[11] hat wesentlich mehr Bedeutungen als nur „Geist": beim Propheten Jesaja[12] wird ruach z.B. gerne mit „ich" übersetzt.

Was ist dieses „ich" aber anderes als das *sich seiner selbst bewusste* Sein Gottes: das Bewusstsein.

Wenn ich hier also statt des Geistes Gottes das Bewusstsein Gottes über den Wellen schweben lasse, finde ich mich noch immer innerhalb der legitimen Grenzen einer Übersetzung.

Tja: und letztendlich heißt dies für mich, dass hier Bewusstsein in Bewegung ist.
Und da Gott der Schöpfer dieses unseres Universums ist, schafft Bewusstsein Realität[13].
Und da Gott den Menschen als sein Ebenbild geschaffen hat, bin ich ebenso Bewusstsein in Bewegung.

Quantum Speed Reading
oder
was will mir mein Buch sagen?

Tokio, Japan.
Shichida child academy.

Yumiko Tobitani, Lehrerin an dieser Privatschule, hat ihren Schülern einen Stoß verschiedener ausländischer Bücher mitgebracht. Die Schüler sitzen auf ihren Plätzen und blättern in diesen Büchern.
Die Lehrerin ruft die Kinder zu Ordnung und beginnt mit ihrem Unterricht.

Nur ein Schüler sitzt und blättert ganz versunken sein Buch wieder und wieder von vorne bis hinten durch.
Um sich dann zu melden und der Lehrerin zu erzählen, dass er „das Meer riecht".

Es handelt sich um das Buch „Der alte Mann und das Meer" von Ernest Hemingway.
Das Buch beinhaltet keinerlei Bilder.
Es handelt sich um eine englische Ausgabe.
Und der Schüler kann englisch weder lesen noch schreiben oder sprechen.

Zwei Dinge kann die Lehrerin an dieser Stelle machen:
- dem Kind sagen, es solle nicht rumspinnen, sich ordentlich an seinen Platz setzen und mitarbeiten   oder
- das Kind und seine Erfahrung ernstnehmen.

Die Lehrerin entschied sich für die zweite Alternative.

In ihrem Buch „QSR Quantum Speed Reading[14])" beschreibt Yumiko Tobitani, dass Schüler diese Lese-Methode inzwischen (2007) soweit „verfeinert" haben, dass sie sich ein Buch mit leeren Seiten nehmen und sagen: dieses Buch handelt von dem Thema xy und dann beim Blättern in dem Buch interessante Informationen dazu „finden".

Wenn meine Umwelt aus Information in Bewegung und in Kommunikation mit mir besteht, dann ist es für mich klar, dass ein Buch, welches eine Information in sich trägt, diese auch an den Mann, oder die Frau, oder das Kind bringen möchte.

Eine Information, die sich nicht mitteilt, die sich nicht mehr mitteilen kann oder die nicht mehr wahrgenommen wird, ist tot. Existiert nicht[15].

Es gibt anscheinend mehrere Möglichkeiten, diese Informationen zu empfangen:

das Buch auf herkömmliche Weise zu lesen,
- was bedeuten kann, wenn das Buch in einer mir zunächst fremden Sprache geschrieben ist, diese Sprache und evtl. die dazu gehörige Schrift zu lernen
- und wenn meine Augen „schlecht" sind, mich mit Brille oder Lupe zu versehen.

oder:

die Informationen „unmittelbar" zu empfangen.

Es sind unsere Blockaden, die uns daran hindern, diese Information anzunehmen.

Hätte mir vor 30 Jahren jemand eine runde, silbrig glänzende Plastikscheibe mit einem Durchmesser von 12 cm gezeigt mit der Bemerkung: hier stehen 200 Bücher drauf, nur in 1en und 0en codiert, dann hätte ich vielleicht gelacht[16].

Hätte mir vor 30 Jahren jemand erzählt, dass ich im Jahr 2014 Bücher „aus dem Netz" auf ein Gerät laden könne, welches etwas dicker ist als zwei Glasscheiben, und ich würde über das Glas wischen und die Seiten der Bücher würden dabei umgeblättert: ich hätte wahrscheinlich gelacht.

Wenn mir heute jemand erzählt, dass ein japanisches Kind auf leeren Seiten Informationen liest: soll ich nur deshalb darüber lachen, weil ich es mir nicht vorstellen kann?

Natürlich stimmt der Vergleich nicht ganz, weil es sich bei der CD bzw. bei dem eBook-Reader um technische Geräte und somit um eine Weiterentwicklung von Technik handelt, während das Lesen von leeren Seiten eine Weiterentwicklung menschlicher Fähigkeiten darstellt.

Die Ablehnung der Lesefähigkeit mit QSR ist meiner Meinung nach eine Denkblockade.

Ähnlich der 10-Sekunden-Marke beim 100-Meter-Lauf[17], die jahrzehntelang verhinderte, dass Menschen die 100-Meter-Distanz schneller als in 10 Sekunden laufen konnten. Dass wir Menschen eine beliebige Strecke als 100 Meter und eine beliebige Zeitdauer als 10 Sekunden bezeichnen, führte zu einer Blockade. Oder anders gefragt: wären Sportler vielleicht schon Jahrzehnte früher schneller gelaufen, wenn wir eine Messung hätten, bei der z.B. 105 Meter als 100 Meter bezeichnet würden?

Geld ohne Schein und Münze
oder
wohin geht der Trend?

Wenn Du Dir, lieber Leser, die Entwicklung heute anschaust, dann bewegt sich vieles weg von der grobstofflichen Materie hin zu „nicht mehr Greifbarem", Immateriellem.

z.B. verwendet ein Lehrer heute im Normalfall als Motivationsmittel keinen Rohrstock mehr, um seinen Schülern den Lernstoff zu vermitteln.
Früher musste man, um in den Genuss von Musik zu kommen, entweder selber ein Instrument spielen können, oder einen Musiker bezahlen. Heute streamt man sich – nachdem es zwischenzeitlich die Hilfsmittel Tonband, Schallplatte oder CD gab - die Musik aus dem Internet.
Vor einigen Jahrzehnten hatte man noch, wenn man Aktien besaß, ein Stück festes Papier in der Hand, auf dem stand: „1 Aktie". Heute erhalte ich einmal im Quartal einen Auszug, auf dem steht, dass ich Aktien besitze.
Und diesen Auszug erhalte ich – wie auch die meiste Post – per eMail. Und gebe diese Bescheinigung auch auf elektronischem Weg an mein Finanzamt weiter.
Wie auch die meisten Geldgeschäfte, z.B. meine Mietzahlungen, ohne Berühren eines Geldscheins von statten geht. Noch nicht einmal einen Scheck muss ich meinem Vermieter geben.

Aber es gibt auch einige Lebensbereiche, in denen dieser Schritt in eine immaterielle, geistige Dimension noch nicht mitvollzogen wird.

Ein relativ großes Fachgebiet ist die Medizin:

hier wird noch weggeschnitten, hier werden dem Körper noch mittels Tabletten, Tropfen oder Spritzen Mittel hinzugegeben.

Und diejenigen, die mit Homöopathie, mit Bachblüten, mit Quantenheilung, mit den neuen russischen Heilmethoden oder mit alten schamanischen Mitteln - also mit sogenannter Informationsmedizin - heilen, werden von der Schulmedizin – zumindest bei uns in Deutschland – doch sehr kritisch beäugt, von der Krankenkasse nicht unterstützt, und, sobald sie sagen, dass sie „heilen", verklagt.

Ich möchte hier keineswegs eine Verteufelung der Schulmedizin betreiben: ich bin dankbar, dass es sie gibt, ich bin dankbar für das Gute, dass sie bewirkt.
Und ich bin dankbar dafür, dass sie die Untersuchungen des menschlichen Körpers vorgenommen hat, deren Ergebnis – ich sehe das als ein Zeichen göttlichen Humors – mir die Basis gibt, die Existenz der Materie im herkömmlichen Sinne anzuzweifeln.

Ich werde in den kommenden Kapiteln etwas näher auf einige alternative Heilmethoden eingehen und erklären, warum ich mir ihre Wirksamkeit im Rahmen meines Denkansatzes vorstellen kann.

Der gequirlte Bodensee
oder
die Radiosendung unter der Lupe.

Vor vielen Jahrzehnten habe ich folgende Beschreibung von Homöopathie gehört:
Nimm eine Prise eines Stoffes und bringe diese bei Konstanz in den Bodensee ein. Dann rühre den gesamten See einige Stunden um und entnehme ihm in Lindau ein kleines Fläschchen Wasser.
Und fertig ist die homöopathische Medizin.

Und das soll wirken?

Es ist ein Kritikpunkt, der immer wieder im Zusammenhang mit der homöopathischen Medizin zu hören ist:
da ist ja nichts mehr da von der ursprünglichen Substanz,
da kann man ja nichts mehr finden –
dann kann es auch nicht wirken.

Ist Dir, lieber Leser, eigentlich schon mal aufgefallen, dass es nicht möglich ist, Information zu messen?
Weder physisch noch inhaltlich?

Nimm einfach mal ein Stück von einem Kassettenband und untersuch es auf die verschiedensten Weisen: das Gewicht bleibt gleich, egal ob eine Information auf dem Band ist oder nicht, leg das Stück unter ein Mikroskop und untersuche die Atomstruktur: Du kannst nicht feststellen, ob auf dem Band Beethovens Neunte gespeichert ist, oder die Berlin-Rede von Kennedy oder das Band leer ist. Egal was Du unternimmst – Du kannst die Information auf dem Band nur ermitteln, wenn Du ein Kassettenabspielgerät zur Hand hast.

Oder nimm eine Dose mit Deckel, gehe in die Nähe eines Rundfunksendemastes, nimm den Deckel der Dose ab, fang etwas Luft ein, mach den Deckel wieder zu. Und ab ins Labor mit der Dose.
Ich brauch den Versuch und sein Ergebnis nicht weiter zu beschreiben.

Und dennoch wird mir jeder zustimmen, dass auf dem Kassettenband Information gespeichert sein kann, oder dass ein Sendemast Informationen versendet, die mit den entsprechenden Empfangsgeräten hörbar gemacht werden kann.

Warum muss dann die Information in der homöopathischen Medizin messbar sein?

Weil wir vermuten, dass Körperzellen nur Informationen verstehen, die mit dem Holzhammer vermittelt werden?

Und wie steht es um die inhaltliche Messbarkeit von Information? Also einer Bewertung ihres Inhalts?

Mir ist eine Information wichtiger als Dir. Sie ist mir gewichtiger. Nur: wie messe ich dies? Woher weißt Du, wie wichtig mir etwas ist?
Die Menschheit besitzt keine objektive Messgröße für den Inhalt einer Information.

Es gibt Informationen, die interessieren die eine Person in keinster Weise, und die Person daneben bricht innerlich deswegen zusammen.

Homöopathie will, wenn ich es richtig verstehe, nicht eine Maschine reparieren, sondern meinem Körper eine Information geben, die - aus welchem Grund

auch immer - verloren gegangen ist. Wie mein Klassenkamerad, wenn er mir in der Schule vorsagte: da reichte ein leises Flüstern aus, um meinen Blackout zu überwinden. Ein kleiner Anstoß, damit wieder alles in der richtigen Weise fließen konnte.
Mein Klassenkamerad hatte natürlich Vertrauen darin, dass ich ein Basiswissen habe, welches er antriggern konnte. Und dass meine Ohren gewaschen waren, damit ich sein Flüstern wahrnehmen konnte. Und eine Bereitschaft meinerseits vorlag, seine Hilfe anzunehmen.
Dieses Vertrauen in meine Körperzellen und ihre Fähigkeiten besitze ich als Anwender der Homöopathie natürlich auch.

Noch einen Gedanken möchte ich erwähnen:

Es ist bekannt aus der Radiotechnik: wenn Du Stereosendungen hören möchtest, dann findest Du diese nicht bei den Lang-, Mittel- oder Kurzwellen-, sondern bei den Ultrakurzwellensendern.
Je höher nämlich die Schwingung, je kürzer die Wellenlänge ist, auf der gesendet wird, desto mehr Information kann mitgegeben werden.
Ich vermute, dass dies – natürlich mit den Mitteln von vor über 100 Jahren – der Grund ist, weshalb die homöopathische Medizin, die höher potenziert ist, also über einen längeren Zeitraum „gedreht" bzw. geschüttelt wird, diejenige ist, die mehr Information transportiert.
Und logischerweise werden diese hochpotenzierten Mittel dem Patienten in wesentlich größeren Zeitabständen verabreicht: da sie mehr Informationen speichern können, sind sie ja auch wirksamer.

Und noch ein Gedanke passt hierher:
Wenn ich von Information in Bewegung spreche, dann stelle ich mir diese Bewegung immer wellenförmig vor, nicht pfeilförmig – ich kann dies nicht

begründen. Auffällig ist aber doch, dass es in der Natur, wie ich sie vorfinde und erlebe, nur selten Dinge gibt, die wie mit dem Lineal oder dem Zirkel gezeichnet wirken.

Die indische Badewanne
oder
macht Hungern dick?

Sagt Dir der Name Prahlad Jani etwas?
Nein?

Das muss Dich nicht verunsichern, Du bist damit nicht alleine. Den Namen dieses älteren indischen Herren kennen nur wenige.

Auch der Ort Ahmedabad in Indien ist nicht gerade bekannt.

Aber im Sommer 2010 waren Berichte und Kommentare über Untersuchungen, die im Krankenhaus in Ahmedabad stattfanden, in allen Zeitungen zu finden.
Untersucht wurde: Prahlad Jani.

Herr Jani nimmt nämlich laut eigener Aussagen seit ungefähr 70 Jahren keine feste Nahrung und keine Flüssigkeit zu sich.

Jetzt erinnerst Du Dich wahrscheinlich wieder. Landauf und landab wurde umfassend über diese Form der *Lichtnahrung* berichtet.

Laut Wikipedia sind zum jetzigen Zeitpunkt (Anfang April 2014) noch keine Untersuchungsberichte veröffentlicht worden[18]. Aber es habe während der Untersuchungszeit für Prahlad Jani die Möglichkeit bestanden, Flüssigkeit beim Baden zu sich zu nehmen.

Ich selber war zu der genannten Zeit nicht in Indien, schon gar nicht in Ahmedabad. Und in der Badewanne bin ich mit dem älteren Herrn in dieser Zeit

auch nicht gesessen. Von daher möchte ich mich an einer ermüdenden Diskussion: „hat er oder hat er nicht" nicht beteiligen.
Genauso wenig wie an den Diskussionen bezüglich der Australierin Yasmuheen, die ebenfalls von sich sagt, über einen längeren Zeitraum ohne Nahrung und ohne Flüssigkeit leben zu können.

Ich weiß es einfach nicht.

Ich frage mich nur: wenn ich nur von Bewusstsein in Bewegung und in Kommunikation umgeben bin, dann handelt es sich doch bei jeder Nahrung auch „nur" um eine Information? Und welchen Unterschied macht es, ob ich mir diese Nahrungsinformation in Form von Nahrung oder in Form von Information zuführe?

Zumindest ist in diesem Bereich einiges in Bewegung, wenn z.B. im Spiegel Online, der wirklich nicht als Hort esoterischen Gedankenguts gelten kann, unter der Überschrift „Sich dick fühlen kann dick machen" im August 2012 eine Studie mit Teenagern vorgestellt wurde. Dort heißt es im letzten Absatz: „Eine andere Erklärung könnte sein, dass junge Menschen, die sich selbst als dick ansehen, ihre Essgewohnheiten ändern und Mahlzeiten auslassen. Studien haben etwa gezeigt, dass das Streichen des Frühstücks zu Übergewicht führen kann."[19]

Was haben wir denn *da* vor uns
oder
Massage an und für sich

Lumira ist eine gebürtige Russin. Sie wurde von einer Schamanin ausgebildet und lebt seit 1990 in Deutschland.

Es gibt mehrere Youtube-Videos, in denen sie ihre Arbeit vorstellt.

Besonders auf das Video mit der Bezeichnung „Energetische Massage"[20] möchte ich hier eingehen. Ab Minute 3:30 beschreibt Lumira nämlich, wie man seine eigene Wirbelsäule massiert, indem man sie sich vor sich selber vorstellt, dann mit den Händen berührt und die einzelnen Wirbel durchknetet – so wie ich auch jemand anderem die Wirbelsäule liebevoll massieren würde.

Wie heißt es so schön im Deutschen?
Ich *habe* einen Körper.
Und wo ist der Körper?

Ja, wo ist der ...

Bevor ich das Video gesehen habe, hätte ich im Brustton der Überzeugung meinen Körper irgendwo um mich herum verortet.
Aber wenn ich nicht mein Körper bin?

Eines kann ich sicher sagen: diese von Lumira vorgestellte RückenSelbstMassage funktioniert – aus gegebenem Anlass habe ich sie bei mir durchgeführt, und es hat gewirkt.

Das beantwortet aber leider nicht, *was* überhaupt mein Körper ist.

Die Intelligenz der Zellen
   oder
   wie bildet sich ein Fingernagel?

Seit meiner Schulzeit hatte ich die Vorstellung, eine Körperzelle sei eine Kugel mit einer Flüssigkeit und einem Zellkern darin. Das ganze könne sich teilen – und zwar so lange, bis ein Mensch oder ein Tier oder eine Pflanze entstanden ist.

Inzwischen weiß ich, dass Zellen höchst komplexe Gebilde sind, die effektiv auf ihre jeweilige Aufgabe hin aufgebaut sind, körperweit miteinander vernetzt, untereinander in permanenter Kommunikation stehend, ohne Schlafens- noch Urlaubszeiten zu kennen, und deshalb – je nach Funktion – mit einer Lebenszeit zwischen 1 Tag und bis zu einem Jahr.

Und auf Grund ihrer Fähigkeiten bin ich mir sicher, dass sie Intelligenz und Bewusstsein besitzen.[21] Weil allein schon ihre Kommunikation untereinander Bewusstsein erfordert.

Ich war ca. 30 Jahre lang Raucher, hatte mehrfach schon aufgehört – aber nach kurzer Zeit ...
Wer schon einmal geraucht hat, kennt diese Geschichten, die sich alle irgendwo ähneln.

Seit mehr als vier Jahren bin ich Nichtraucher.
Und geholfen haben mir hier entscheidend meine Zellen.
Ich habe über ein paar Wochen hinweg bei jeder Zigarette, die ich mir anzündete, Kontakt mit meinen Zellen aufgenommen und ihnen mitgeteilt, dass *ich* Schwierigkeiten habe, mit dem Rauchen aufzuhören. Aber dass ich *ihnen* zutraue, die Schadstoffe, die durch das Rauchen in meinen Körper gelangen, weiterzuleiten und nicht aufzunehmen. Und dass ich

ihnen dafür danke. Danken ist wichtig. Aber dazu später.
Als ich dann nach ein paar Wochen von einem Moment auf den anderen mein Rauchen einstellte, meldeten sich keinerlei Entzugsprobleme oder ähnliches. Und bis heute hat sich daran nichts geändert.

Nach 3 Jahrzehnten Rauchen eher ungewöhnlich.

Ich führe dies auf meine Zusammenarbeit mit meinen Zellen zurück.

Auch wenn es thematisch nicht wesentlich zum Thema dieses Buches beiträgt, möchte ich an dieser Stelle im Zusammenhang mit Körperzellen gerne noch etwas zum Bereich Gene sagen.

Stell Dir doch einmal eine wunderschöne Knoblauchknolle vor, die Deckhäute schon entfernt, sodass die einzelnen Zehen erkennbar sind.
Du magst keinen Knoblauch? Schade.

Dann vielleicht eine Spinne. Auch nicht ? Sorry.

Aber einen Deiner Fingernägel kannst Du Dir sicher anschauen. Die Auswahl ist groß und bestimmt ist einer dabei, den Du magst.

Schau Dir einfach mal an, wie der Fingernagel in das ihn umgebende Gewebe eingebunden ist, zum Teil steht er frei, er hat eine Maserung, aus der geschulte Menschen z.B. erkennen können, welche Mängel Dein Körper hat. Der Nagel wächst im Lauf der Zeit und schiebt sich, für uns unbemerkt, immer weiter nach vorne.

Soweit reicht die Beschreibung hier völlig aus, um sich folgende Frage zu stellen: Wie entsteht dieser Fingernagel?
Er besteht aus vielen tausend Zellen. Diese stehen in Kontakt miteinander, es herrscht – zumindest soweit wir es derzeit wissenschaftlich nachvollziehen können - ein reger Informationsaustausch.

Neuer Ansatz:
Googel einmal im Internet unter dem Begriff „genetischer Bauplan des Lebens".

Nicht nur von Laien, sondern auch von Wissenschaftlern wird dieser Begriff benutzt, um die Bedeutung und die Funktion des Genoms zu beschreiben.[22]
Das Genom: also die Informationen, die sich in jeder einzelnen Zelle in der Form der Doppelhelix finden lassen. DNA als der Baustein, aus der diese Informationen zusammengebaut sind. Die existentiellen Aminosäuren.
Die Beschreibungen dieser bekannten Schlagwörter möchte und brauche ich hier nicht zu liefern. Sie sprengen einerseits den Umfang dieses Textes, zum anderen gibt es viele kompetente Schriften zu diesem Thema. Und drittens möchte ich auf einen anderen Aspekt hinweisen.

Wenn ich nämlich jetzt versuche, beide Punkte miteinander zu verbinden, den Fingernagel mit der eben geschilderten Funktion des Genoms, dann bekomme *ich* Schwierigkeiten.

Unter einem Bauplan verstehe ich eine Beschreibung, wie etwas aufgebaut ist, bzw. wie, wenn es noch nicht aufgebaut wurde, beim Bau vorzugehen ist. Lego-Bausteinen z.B. kann ich so nach Plan zusammenstecken und die schönsten Welten damit erschaffen. Auch ein Gartenhäuschen traue ich mir zu nach einem Bauplan zusammenbauen.

Bei einem großen Wolkenkratzer hilft mir der Bauplan nicht mehr viel beim Aufbau. Den übernehmen Fachleute. Ich kann an Hand des Bauplans vielleicht noch nachvollziehen, wie vorgegangen wird.

Weder beim Lego-Bauplan noch bei einem Haus sind es aber die Bausteine selber, die sich an Hand des Bauplanes zusammenstellen.

Und wie läuft dies bei meinem Fingernagel?
Oder bei der Knospe einer Mohnblüte? Hast Du einmal gesehen, wie sich die Mohnblütenblätter in einer Knospe zusammenkringeln, damit sie hineinpassen? Um sich dann, nach dem Platzen der Schale, in Schönheit zu entfalten.

Wer nimmt sich den Bauplan des Lebens vor und baut an Hand dessen einen Körper oder eine Pflanze zusammen?

Für mich unvorstellbar, dass dies die Zellen selber übernehmen.
Oder kannst Du Dir vorstellen, wie eine Zelle entsteht? Wie sie in ihrer Doppelhelix nachschaut, feststellt, sie müsste jetzt eine Zelle des Fingernagels sein - hat sie das per GPS festgestellt, oder die Nachbarzelle gefragt: „hör mal, was bist Du? Ach so, eine Hautzelle? Aber nach meinem Plan gehöre ich zum Fingernagel, oder?".
Oder wenn es um die Ecke geht beim Fingernagel: zählen dann die Zellen durch, wie beim Sportunterricht: eins, zwei, drei ... bis 4577, und die Zelle 4578 muss sich dann links von der letzten Zelle anbauen?

Irgendwie stimmt da etwas nicht.

Wie schon oben geschrieben gehe ich davon aus, dass Zellen über ein Bewusstsein verfügen. Wir haben es hier nicht mit simplen Bausteinen zu tun, die einfach zusammengekleistert z.B. meinen Körper ergeben.

Aber trotz Intelligenz und Bewusstsein der Zellen: es ist mir nicht vorstellbar, wie sie ohne äußeres Zutun einen Körper aufbauen können.

**Was bringt mich in's Schwingen
    oder
    die Hefeallergie**

Meine Tochter hat Allergien.
Eine davon gegen Hefe.
Gegen kleinste Mengen von Hefe.

Ein Würfel in 40 Kg Getreide reicht da schon aus, dass sich ihr Körper meldet.

Ihr Körper ist also sehr sensibel.

Frage:
wenn der Körper meiner Tochter einen Würfel Hefe in 40 Kg Getreide erkennt, merkt mein Körper diese Menge Hefe auch? Mit dem einzigen Unterschied, dass er nicht allergisch reagiert?

Und wenn ja: kann ich meinen Körper fragen, ob er diese Hefe wahrgenommen hat, und er antwortet mir?

Ich pendel seit langer Zeit. Als meine Tochter vor Jahren von dem Brot aß, in dem keine Hefe sein sollte (sagte die Zutatenliste im Naturkostladen), da reagierte sie allergisch.
Ich pendelte, dass Hefe im Spiel sei.
Der Naturkostladen fragte bei der Bäckerei nach. Und hier erfuhren wir, dass ein Würfel Hefe auf 40 Kg mitgebacken wurde.

Da ich auch von dem Brot gegessen hatte und ich vermute, dass mein Körper ebenfalls sensibel ist, wird er die Hefe ebenfalls wahrgenommen haben.
Und über das Medium Pendel teilt er mir dies mit.

Möglich wäre übrigens auch eine Abfrage per kinesiologischem Muskeltest [23)].

Soweit ist es vielleicht noch nachvollziehbar.

Wobei ich zugeben muss, dass es eine Menge Einflüsse gibt, die die Antwort des Pendels beeinflussen und zu einem nicht eindeutigen oder sogar falschen Ergebnis führen können.

Ich sehe dies – im Gegensatz zu den Gegnern des Pendelns - etwas entspannt, da mir die Auswirkungen einer Vielzahl von Einflüssen auf die Wahrnehmung und damit verbunden auf die Handlungen von Menschen auch an anderer Stelle immer wieder auffallen:
z.B. liegen Ärzte mit Diagnosen teilweise sehr daneben, weil sie auf Grund von gehäuftem Auftreten einer Erkrankung andere mögliche Erkrankungen nicht einbeziehen, bestimmte Symptome nicht berücksichtigen, Menschen auf Grund ihres Verhaltens als nicht glaubwürdig in ihren Schilderungen bewerten und welche menschlichen Fehler es noch mehr geben kann.
Und dies trifft ebenso auf Polizisten, die Zeugenaussagen überhören, oder auf Lehrer und im Grunde auf jeden Menschen zu.

Wichtig ist es für mich, an meiner Aufmerksamkeit, an meiner Offenheit für unerwartete Antworten zu arbeiten.

Wenn ich davon ausgegangen wäre, dass laut Zutatenliste keine Hefe im Brot sein kann, dann hätte ich sicher unbewusst auch mein Pendel dahingehend beeinflussen können, mir eine entsprechende Antwort zu geben: keine Hefe.

Aber dies ist nur ein Teil des Pendelns:

Im beschriebenen Fall mit der Hefe hatte ich ebenfalls von dem Brot gegessen und meinem Körper standen sozusagen dieselben Informationen zur Verfügung wie dem Körper meiner Tochter, und er konnte mir deshalb über das Pendel die korrekte Antwort geben.

Was ist aber, wenn es sich um Dinge an einem anderen Ort handelt oder um Menschen, die mir nicht bekannt sind: wenn mein Körper also keine Möglichkeit der direkten Wahrnehmung hat?

Hier greife ich wieder auf meine Vorstellung bzgl. der Materie zurück:
mich umgibt ein Meer von Informationen, die in Bewegung sind.

Wie ein Radioempfänger stelle ich mich innerlich auf die entsprechende Information ein und frage diese ab.
Ich kann diese Informationen nicht physisch hören oder sehen, ich kann sie mit den derzeitig bekannten Möglichkeiten nicht nachweisen. Das kann aber ein Radio auch nicht.
Dennoch kann ich diese Informationen empfangen und mittels des Pendels und einer Frage, die mit „ja" oder „nein" beantwortet werden kann, erhalte ich die Antwort.

Solange ich die Vorstellung von bewusster und intelligenter Materie oder intelligenten Körpern ablehne, macht Pendeln natürlich auch keinen Sinn.

Klimmzüge
oder
nicht nur Bagger versetzen Berge

Immer wieder begegnen uns Berichte über Erfahrungen, die Menschen mit ihrem Körper machen, und die wir uns mit den üblichen Vorstellungen über den menschlichen Körper nicht erklären können.

Wunderheiler, die in Südamerika mit primitivsten Mitteln und unter – für uns - erschreckenden hygienischen Bedingungen Menschen von schweren Krankheiten heilen.

Berichte von Operationen, die statt unter Voll- oder Teilnarkose unter Hypnose vorgenommen werden.[24]

Sogenannte Spontanheilungen

Oder Feuerläufe, bei denen trotz glühender Kohlen die Fußsohlen keine Brandblasen bilden und die Teilnehmer keinerlei Schmerzen spüren.

Oliver Sacks, ein bekannter Neuropsychologe aus New York, beschreibt in seinem Buch mit dem Titel: „Der Mann, der seine Frau mit einem Hut verwechselte"[25] eindrückliche Fälle aus seiner langjährigen Berufstätigkeit.

Im Kapitel 3 lese ich z.B. unter der Überschrift „Die körperlose Frau" von einer Patientin, die innerhalb weniger Stunden ihre gesamte Körperwahrnehmung verlor.

Solange ich die üblichen Vorstellungen von Materie zu Grunde lege, muss ich enorme geistige Klimmzüge vollziehen, um dies alles zu erklären – oder ich streite es sofort als Humbug ab und amüsiere mich über diejenigen, die „an so etwas" glauben.

Sobald ich aber davon ausgehe, dass mein Körper – und natürlich auch Deiner – aus Informationen besteht, dann ist für mich auch klar:
Informationen kann man ändern.
Informationen können sich ändern.
Mit Argumenten.
Oder mit Willenskraft.
Oder mit Liebe.

Auch Materie ist zweifelsohne änderbar. Wir machen dies täglich – aber mit enormem Energieaufwand verbunden. Mit Widerstand[26].

Ich kann mir nicht vorstellen, dass Jesus an Sprengungen, LKWs und Schaufelbagger, wie sie uns heutzutage zur Verfügung stehen, gedacht hat, als er sagte, der Glaube könne Berge versetzen[27].

Wenn ich über unsere dreidimensionale Umwelt spreche, dann gehört auch die Zeit dazu.
Und dazu kommen wir im folgenden Kapitel.

Der Quarz in der Armbanduhr
oder
das Warten beim Zahnarzt

Die Uhr, die ich an meinem Arm trage, ist eine Quarzuhr, deren Zeittakt von der Schwingung eines Quarzoszillators abgeleitet wird. Bei Quarz handelt es sich um ein aus Siliziumdioxid bestehendes Mineral.

Atomuhren, wie z.B. die in Braunschweig in der Physikalisch-Technischen Bundesanstalt (PTB), ermitteln die möglichst exakte Zeit mit Hilfe von Caesiumatomen.

Dies ist aber nur der derzeitige Endpunkt der Zeitmessung: unsere einfachste Zeiteinteilung basiert auf Tag und Nacht: Sonne da, Sonne weg. Oder in späteren Zeiten dann die Messung zunächst mit Hilfe von einfachen Sand- und Wasseruhren.

Das heißt, die von uns gemessene Zeit hat immer als Basis: Materie.
Nur: die Materie in der von uns wahrgenommenen Art existiert ja nicht.

Kann dann die von uns wahrgenommene Zeit existieren?

Oder handelt es sich bei dieser Zeit bestenfalls um eine gemeinsame Übereinkunft?

An die sich nicht alle halten und halten müssen: Kinder und sehr alte Menschen, die "aus der Zeit gefallen sind", benötigen unsere Zeitvorstellung nicht. Menschen, die im Urwald oder in der Wüste leben, leben nach anderen Kriterien als nach einer mit der Uhr messbaren Zeit. Tiere und Pflanzen benötigen weder Uhr noch Kalender, um zu wissen, wann es Zeit ist für ...

Die mittels Uhren welcher Art auch immer gemessene Zeit ist eine *lineare* Zeit: in ihr gibt es eine Vergangenheit – vorbei, nachträglich unbeeinflussbar. In ihr gibt es eine Zukunft – auch wenn wir es per Prognosen immer wieder versuchen: unvorhersehbar. Und es gibt eine Gegenwart: die Schnittstelle, der permanente Übergang von zukünftiger Zeit in vergangene Zeit.

Und hier, an dieser Brücke, findet unser Leben statt, hier nutzen wir die Zeit, hier lassen wir sie ungenutzt verstreichen.

Es gibt noch eine andere Art der Zeit: sie erfolgt *rhythmisch* bzw. *zyklisch*.

Sie „geht mit dem Leben", sie schwingt – und so, wie es in der Landschaft Berge und Täler gibt, wie es Tag und Nacht gibt, so gibt es in dieser rhythmischen Zeit Zeiten, die schnell an uns vorüberziehen, und Zeiten, die dauern und dauern.

Diese rhythmische Zeit ist nicht objektiv messbar, sondern nur individuell zu spüren – Du kennst es: da können zwei Menschen nebeneinander im selben Zimmer sitzen, im Wartezimmer des Zahnarztes z.B.: für den einen geht die Zeit nicht vorwärts, für den anderen rennt sie zu schnell.

Oder zwei Menschen mit unterschiedlichem Musikgeschmack besuchen dasselbe Konzert. Nach dem Schlusston atmet der eine auf: „endlich vorbei", während der andere fragt: „schon zu Ende?".

Heilung in der Vergangenheit
oder
wann wirkt mein Gebet?

Im Jahr 2000 hat Leonard Leibovic, ein israelischer Medizinprofessor, an einem Universitäts-Krankenhaus eine Doppelblind-Studie zur rückwirkenden Wirkung von Gebeten durchgeführt. Er nahm 3393 Fälle von Blutvergiftung aus den Jahren 1990 bis 1996, die er nach dem Zufallsprinzip in zwei Gruppen aufteilte. Für die eine Gruppe ließ er rückwirkend um Genesung und Wohlbefinden beten. Die Ergebnisse waren signifikant[28].

Ein anderes Beispiel:

Systemische Therapie, auch unter der Bezeichnung Aufstellungsarbeit, wurde bei uns besonders durch Bert Hellinger bekannt.
Zunächst als Familienstellen eingeführt, wurde sie später weiterentwickelt zu Körperaufstellungen, Organisationsaufstellungen u.v.m.[29]

Ich möchte kurz auf einen Aspekt einer ursprünglichen Form des Familienstellens eingehen: hier wird vom Aufstellenden eine mehr oder weniger große Anzahl Stellvertreter im Raum platziert. Diese (er)spüren Informationen aus dem Feld, disharmonische genauso wie harmonische, und bringen diese wieder in harmonische Schwingung.[30]

Oft stammen diese Informationen aus der Vergangenheit. Teilweise stellt sich heraus, dass Stellvertreter für Personen stehen, die bereits tot sind. Es melden sich manchmal Ahnen zu Wort, es gibt Aufstellungen, in denen sich abgetriebene Föten melden.

Und die Harmonisierung in der Vergangenheit führt zu Heilung der Gegenwart, weil jetzt der Grund für Disharmonie welcher Form auch immer weggefallen ist.

Beides sind für mich Hinweise darauf, dass es die lineare Zeit, wie ich sie im letzten Kapitel beschrieben habe mit einer Vergangenheit, die nicht mehr beeinflusst werden kann, so nicht gibt.

Wie weit ist also die Vergangenheit weg von uns?

Und die Zukunft?

Lynne McTaggart beschreibt in ihrem Buch „Das Nullpunkt-Feld" Versuche mit Personen, die vor einem Computerbildschirm per Zufallsgenerator ausgewählte Ereignisse angezeigt bekamen, die sie einen Moment zuvor vorhersagen mussten[31]. Die Anzahl der richtigen Antworten lag signifikant über den statistisch zu erwartenden Rate-Ergebnissen.

Wir kennen natürlich alle die jährlichen Listen zu Sylvester in den Zeitungen, in denen aufgezählt wird, welche besonderen Ereignisse von Wahrsagern und Hellsichtigen für das vergangene Jahr vorausgesagt wurden, und welche davon wirklich eingetreten sind.

Und diese Auflistungen werden immer wieder dazu genutzt, sich zu amüsieren über die Kluft zwischen Anspruch und Wirklichkeit. Ich streite diese Diskrepanz auch nicht ab.

Auf Grund dieser Tatsache aber die Möglichkeit einer Sicht in die Zukunft *generell* abzulehnen ist meiner Meinung nach äußerst kurz gedacht.

Chronopharmakologie
oder
welchen Rhythmus hat Deine Niere?

Ich erzähle Dir nichts Neues: jeder Mensch lebt anders „in der Zeit": es gibt Frühaufsteher und Langschläfer, Menschen, die mit wenig Schlaf auskommen und solche, die viel Schlaf benötigen, Leonardo Da Vinci soll z.B. fast ohne Schlaf ausgekommen sein[32].

Es gibt Menschen, die ein sehr schnelles Tempo an den Tag legen, andere, die geruhsamer durch das Leben gehen.

Dabei haben Schlafforscher in Schlaflaboren festgestellt, dass Menschen im Durchschnitt einen 25-Stunden-Rhythmus haben, der sich nicht ganz mit dem 24-Stunden-Rhythmus, der durch die Sonne und den Tag-und-Nacht-Wechsel vorgegeben ist, deckt.

Aber das ist nur die äußere Erscheinung.

Untersucht man wie ein Chronopharmakologe, ein Mediziner, der sich mit den Rhythmen im menschlichen Körper beschäftigt, die einzelnen Organe, dann zeigt sich sehr schnell, dass hier jedes seinen eigenen Rhythmus hat – „in jeder Körperzelle, in jedem Organ sitzt also eine Uhr, und damit dieses immense Getriebe auch synchron läuft, braucht es einen „Taktgeber", eine Art biologische „Hauptuhr""[33]: Diese soll übrigens im Hypothalamus sitzen.

Die Chinesen unterscheiden schon seit vielen hunderten Jahren mehrere Pulse im menschlichen Körper[34].

Und was wir im eigenen Körper haben, ist auch „im Außen" zu sehen: die Lebenszyklen einer Eintagsfliege und einer 1000-jährigen Eiche sind diametral unterschiedlich. Für eine Stubenfliege muss unsere menschliche Geschwindigkeit zum Einschlafen sein.

Und all dieses läuft parallel und gleichberechtigt nebeneinander her.

Diese, ich nenne sie mal: natürliche Zeit beißt sich mit der linearen Zeit, die mit gleichen Zeitabständen rechnet, wo an Fließbändern die Arbeitsschritte so heruntergebrochen werden, dass alle diese einzelnen Schritte die gleiche Zeitdauer haben. Wo kein Unterschied gemacht werden kann zwischen Tag und Nacht, Wochentag und Wochenende.

Wo am Aktienmarkt alle 3 Monate von den Aktiengesellschaften die Quartalszahlen vorgelegt werden müssen – und „natürlich" immer wachsen sollen – egal ob Sommerloch oder Krankheitswelle.

Es geht mir, auch wenn dies so klingen könnte, nicht darum, diese lineare Zeit abzuwerten. Vieles, was geschaffen wurde, war nur möglich, weil diese Zeit festgelegt wurde.

Aber sie existiert nicht.
Sie ist eine Übereinkunft.

Und letztlich sage ich hier ja auch nichts Neues: spätestens seit Albert Einstein ist bekannt, dass Zeit keine absolute Einheit ist, sondern abhängig ist vom Bezugssystem des Beobachters. Du erinnerst Dich sicher daran, dass in einem mit Lichtgeschwindigkeit fliegenden Raumschiff die Zeit langsamer verstreicht als parallel auf der Erde.

Man kann mit dieser Zeit auch sehr kreativ experimentieren.

Du erinnerst Dich noch an das Buch von den japanischen Schulen, das ich weiter vorne kurz angesprochen habe?

Der Autor beschreibt zum Beispiel, wie es möglich ist, wenn einem zum Beispiel nach einem Langstreckenflug nur wenig Zeit zur Regenerierung vor dem nächsten Termin zur Verfügung steht, mit sich nachts um 4:00 Uhr auszumachen: „ich schlafe jetzt 8 Stunden und stehe um 7:00 Uhr ausgeruht und fit auf."

Ich kann bestätigen, dass dies wirklich funktioniert.

Wo bist Du
oder
Fernheilung

Es liegt eigentlich auf der Hand: wenn ich mir nicht sicher sein kann, dass es Materie gibt, wie kann ich dann annehmen, dass es eine Erdkugel gibt? Was ist dann ein „Urmeter", der sich über die Materie definiert? Der Mond, den ich meine zu sehen: wo ist er?

Informationen kann ich nicht bestimmten Orten zuweisen – wenn ich im Radio eine Sendung höre, dann kann der Sprecher sein Studio im Haus nebenan haben, oder aber in einem Ort tausende von Kilometern entfernt.
Er kann mir erzählen, wo er gerade ist, was er sieht – aber ob das stimmt, kann ich nicht überprüfen.

Kann mir jemand beweisen, dass Australien existiert?
Das einzige, was mir jemand zeigen kann, ist, dass es den Begriff Australien für ein angeblich existierendes Land gibt. Und er kann mir erzählen, was es in diesem Land angeblich alles geben soll.

Wenn ich schon meinem Körper und seinen Wahrnehmungen nicht vertrauen kann, wie dann einer Aussage über irgendeinen Ort im Universum? In was für einem Universum?

Daraus folgert für mich, dass alles so weit von mir weg oder so nah an mir ist, wie ich es an mich heran kommen lasse.

Wenn ich den Mond wahrnehme, mich auf ihn ausrichte, seine Information annehme, dann ist er mir

nahe. Und dann bin ich – nicht nur symbolisch, sondern direkt – in Kontakt mit ihm.
Und wenn meine Tochter in Australien ist, und mir über Skype erzählt, was sie gerade erlebt, dann ist sie mir nahe. Weil der Kontakt zwischen uns da ist.

In diesem Moment gibt es für mich auch keinen Unterschied zwischen einer sogenannten Fernheilung und der Heilung einer Person, die neben mir auf dem Sofa sitzt. Ich weiß bei beiden nicht, wie weit entfernt oder wie nahe sie mir sind. Durch den Kontakt miteinander sind mir beide gleich nahe.

Bei Fernheilung oder Fernbehandlung kann es sich dabei nur um eine Behandlung einer Person ausschließlich über Information, in nicht materieller Form, handeln:

Ich kann Tabletten oder Spritzen nur jemandem verabreichen oder jemanden nur operieren, der sich konkret neben mir befindet.

Aber eine Information kann ich jemandem zukommen lassen, auch wenn er in unserer dreidimensionalen Welt tausende Kilometer entfernt ist.

Weil ich gerade über Entfernungen und Orte spreche, möchte ich noch etwas erwähnen, was mich belustigt:

erinnerst Du Dich an die goldenen Platten, die seit 1977 mit den Voyager-Sonden unterwegs sind? Mit der Information über unser Planetensystem und der Abbildung einer Frau und eines Mannes? Unterwegs im Weltall.

Mich amüsiert, dass damals offenbar völlig selbstverständlich davon ausgegangen wurde, dass – wer auch immer diese Platte findet – dieses Wesen Augen zum Sehen oder zumindest Nerven zum Fühlen besitzen muss. Wie sonst sollte es diese Informationen erkennen können?

Was war das für eine Vorstellung von Bewusstsein? Von Leben?
Und davon, mit welchen Mitteln es kommuniziert?

Woher kam diese Vorstellung, dass auf bestimmten Sternen, Kometen, Planeten kein Leben sein könne, weil es dort: zu heiß, zu kalt, zu giftig oder wie auch immer sei?
Kann Leben oder Bewusstsein nur zwischen -20°C und +45°C oder ähnlich existieren?

Warum ist es – für manchen immer noch - unvorstellbar, dass auf den Plejaden Leben existiert? Und wenn doch, dann nur in Form von Ein- oder Mehrzellern, die Sauerstoff zum Leben benötigen? Wobei sich hier in den letzten Jahren schon eine gewisse Offenheit eingestellt hat, nachdem man auch auf unserer Erde Leben gefunden hat an Orten, die eine sogenannte lebensfeindliche Umgebung darstellen.

Und wie könnte sich – abgesehen von der Möglichkeit mit goldenen Platten - Kommunikation mit diesem Leben gestalten?

Wo haben Steine ihren Grips
oder
Kommunikation ohne Sinn und Verstand

Jetzt bin ich noch einmal bei einem großen Thema angekommen: der Kommunikation.

Wir haben dieses Thema bereits mehrfach gestreift:

der Stein, der mir mitteilt, dass er ein Stein ist. Der Bewusstsein haben *muss*, weil er doch sonst keinen Kontakt mit mir aufnehmen kann.

oder die Körperzellen, mit denen ich besprochen habe, wie ich das Zigarettenrauchen beenden möchte.

oder die Bücher, die den Schülern in der japanischen Schule ihren Inhalt mitteilen.

Üblicherweise wird Kommunikation ja in Abhängigkeit von Intelligenz gesehen. Und Intelligenz wird im Gehirn verortet. Daraus folgert dann ganz logisch, dass nur jemand kommunizieren kann, der ein Gehirn hat. Und wer ein kleines Gehirn hat, kann nur wenig kommunizieren. Und denken schon gar nicht.

Tiere sind da schon mal sehr arm dran.
Pflanzen haben da noch etwas mehr Pech.
Und Steine überhaupt.

Ohne Grips läuft nix.

Aber wie ganz zu Beginn schon einmal dargelegt: wenn ich mir meines Körpers und damit meiner grauen Masse da oben im Kopf nicht sicher sein kann, wenn mir also selbst keine Körpersinne zur Verfügung stehen, um meine Umwelt wahr zu nehmen, dann kann ich meine Umwelt nicht *objektiv* beobachten sondern sie mir nur durch subjektive Kontaktaufnahme und Kommunikation bekannt machen. Und da ich weiß, dass es Steine gibt, muss es eine Kommunikation auch mit gehirnlosen Steinen geben, die mir mitteilen, dass es sie gibt.

Das bedeutet, dass ich letzlich Kommunikation ganz weit definieren muss: jeder Kontakt, jede Wahrnehmung ist Kommunikation.

Unter Menschen ist das noch nachvollziehbar: jeder Blick, jedes Wegdrehen, jedes „in's Schwitzen geraten" ist eine Form von Kommunikation, eine Aktion oder Reaktion in Bezug auf den Mitmenschen, die dieser bewusst oder unbewusst wahrnehmen kann.

Und diese Definition von Kommunikation gilt für mich für jedes Wesen, welches mit mir hier in diesem Universum lebt.

Ich werde im Folgenden dieses große Thema noch etwas ausfalten.

**Der Eisberg im Gespräch
oder
wo kommen die Kinderwagen her?**

Wenn Du schon einmal in einem Kommunikationstraining warst, dann hast Du auch sicher schon gehört, dass die menschliche Kommunikation mit einem Eisberg verglichen werden kann: 20% liegen „oberhalb der Meeresoberfläche", also im bewussten Teil. Folglich laufen 80% eines Gesprächs im nonverbalen oder unbewussten Teil ab, also z.B.
 durch Emotionen, die im Klang mitschwingen,
 durch Mimik, die ich im Gesicht des Sprechenden sehe,
 durch Körperhaltung,
 durch Zeichen der Konzentration
 und vieles mehr.

Es ist uns Menschen zwar möglich, verbal zu lügen: „ja" zu sagen, aber „nein" zu wissen.
Es ist uns aber nicht möglich dafür zu sorgen, dass auch unser Körper „ja" mitteilt, wenn wir „nein" wissen.

Darauf basiert ja die Funktion eines Lügendetektors, der z.B. an Hand von Hautwiderstand feststellen kann, ob ich lüge.

Vieles nehmen wir selber ja schon intuitiv wahr, merken: „hier kann etwas nicht stimmen".

Und gestehen uns diese Wahrnehmungen dann oft doch nicht zu, sondern versuchen, die Aussage allein auf der verbalen Ebene zu halten.

Das zeigt uns, dass wir alle enorm viele Informationen ausblenden, überhören, nicht ernst nehmen, versuchen, mit den verschiedensten Begründungen als falsch darzustellen.

Und dann kann zweierlei geschehen:

Wir selber verlieren mit der Zeit unsere Wahrnehmungsfähigkeit und sind uns dann irgendwann ganz sicher: da gibt es ja nichts, was mich angesprochen hat.

Und: das Wesen, welches immer wieder versucht, mit mir Kontakt aufzunehmen, wird über kurz oder länger damit aufhören, wenn ich immer wieder rückmelde: mich interessiert deine Information nicht. Informationen, die wir nicht aufnehmen, werden immer leiser, immer stiller.

Wir werden zu Kommunikationskillern, je weniger Dinge uns interessieren.
Und können dann natürlich lachen, wenn Menschen mit Verstorbenen reden, mit Pflanzen sprechen: weil *wir* diesen Wesen ja zuvor durch *unser* Verhalten signalisiert haben, dass wir keinen Kontakt mit ihnen wünschen, ja sogar: nicht an ihre Existenz glauben.
Um dann zu Recht sagen zu können: die sprechen ja gar nicht, die können ja gar nicht sprechen.
Weil sie nicht mehr mit uns sprechen, und weil wir sie dann nicht mehr hören, nicht mehr hören wollen.

Anders ausgedrückt:
Wenn etwas nicht „mit uns spricht", dann heißt das nicht, dass dieses etwas überhaupt nicht sprechen kann. Und weiter gefasst: wenn ich etwas nicht wahrnehme, kann es dennoch da sein,

Deshalb ist es wichtig, Interesse und Liebe zu entwickeln zu immer mehr Dingen, die um uns sind und uns von sich erzählen wollen.

Beispiele gefällig?

Stell Dir zwei junge Männer vor, die sich jeden Morgen zum Joggen treffen.
Vielleicht sind ihre üblichen Themen das Wetter, die Beschaffenheit des Bodens, ihre Fitness, die Zahl der Hundetretminen.

Eines Morgens treffen sie sich wieder: der eine hat am Abend vorher von seiner Partnerin erfahren, dass sie schwanger ist.
Der andere hat am Abend vorher beschlossen, sich von einer Prämie, die er erhalten hat, ein weißes Cabrio zu kaufen.

Beide laufen ihre vertraute Strecke – und beide nehmen plötzlich völlig andere Dinge wahr: der eine sieht einen Kinderwagen nach dem anderen, während sein Kumpel keinen einzigen Kinderwagen bemerkt, dafür aber hinterher jedes einzelne Cabrio, das vorbeigefahren ist, beschreiben kann.

Und aus dem medizinischen Bereich:

„... bei der Muskeldystrophie ..., die erst wahrgenommen wurde, als Duchenne sie 1850 beschrieb. Bis 1860, nach seiner ersten Beschreibung der Krankheit, wurden viele hundert Fälle von Muskeldystrophie erkannt und beschrieben – so viele, daß Charcot fragte: „wie kommt es, daß eine so häufige und mit einem Blick erkennbare Krankheit – die es zweifellos schon immer gegeben hat – erst jetzt entdeckt worden ist?"" [35].

Google mal im Internet nach „Kolumbus „Schiffe nicht gesehen"" und Du kommst auf Seiten, auf denen beschrieben wird, dass die Ureinwohner Ameri-

kas bei der Ankunft der Spanier unter Kolumbus deren Schiffe nicht gesehen hätten, weil ihnen solche Schiffe nicht bekannt und nicht vorstellbar waren. Die Spanier seien buchstäblich „aus dem Meer" gekommen.
Erst einem Schamanen seien die durch die Schiffe ausgelösten Wellen aufgefallen, aus denen er auf einen größeren Gegenstand im Wasser geschlossen habe. Erst dadurch habe er nach und nach die drei Schiffe erkannt.

Ob diese Geschichte stimmt?
Wie soll man das beweisen.
Wie soll man das Gegenteil beweisen.

Offensichtlich ist aber der erneute Hinweis darauf, dass ich Dinge erst dann wahrnehme, wenn sie mir in mein Bewusstsein rücken, wenn ich sie mir bewusst mache.

Eine Möglichkeit, mir Dinge bewusst zu machen, ist: diesen Dingen, aber auch Menschen, Tiere, Wesen Namen zu geben, sie damit be-greifbar zu machen.

Ich finde es spannend, dass in der Paradiesgeschichte der Bibel Adam aufgefordert wird, den Tieren Namen zu geben[36]:
Dadurch werden ihm diese Tiere bewusst.

Im Deutschen gibt es zwei Bedeutungsbereiche des Wortes beherrschen: Ich beherrsche meine Feinde, d.h. sie sind mir untertan. Und: ich beherrsche das Alphabet: ich kenne es, es ist mir vertraut. Auch wenn die hebräische Sprache hier diese zweite Bedeutung nicht besitzt, würde ich mir wünschen, dass wir den Satz in der Schöpfungsgeschichte: „macht sie euch untertan und herrschet über (sie)" in diesem Sinne nutzen würden [37].

Kennst Du eigentlich auch diesen Satz, dass wir mit unseren Gedanken die Realität schaffen?

Ich habe ihn früher so verstanden, dass ich mir etwas vorstelle, eine Idee habe, und diese dann umsetze – und damit etwas Neues in der Realität erschaffe oder Bestehendes verändere.

Inzwischen ist mir klar, dass ich mir ganz konkret mit meinen Gedanken, mit dem, womit ich mich beschäftige, meine Realität schaffe und das, was als Information beständig um mich herum schon existiert, „nur noch" in mein Blickfeld hole.

Wichtig ist dabei aber, dass es mich innerlich berühren muss, dass ich eine emotionale Verbindung haben muss zu dem, was ich mir in mein Leben holen möchte – was ja auch vollkommen logisch ist: nur bei Gefühlen komme ich in Schwingung, richte mich damit aus, und nehme es dann plötzlich wahr [38].

Wie ein Radiogerät einen Sender erst dann *sauber* empfangen kann, wenn es *genau* darauf ausgerichtet ist, so muss auch ich mich ausrichten, Feintuning betreiben, bis es zusammenpasst.

Solange ich selber nicht mit meinem Gedanken in völligem Einklang bin, solange gebe ich noch Störungen aus, und wie beim Radiogerät – auch wenn es frequenzmäßig richtig eingestellt ist, ich aber nichts verstehen kann, weil Störgeräusche den Empfang überlagern – kann ich dann das, was ich in mein Leben holen möchte, nicht wahrnehmen, obwohl es da ist.

Wahrscheinlich klappt deswegen bei so vielen Menschen diese „Wünsch-Dir-etwas-einfach-in-Dein-Leben"-Theorie nicht.[39]

Hinter dem Kühlschrank
oder
wie sage ich es meinen Untermietern?

Eine Altbauwohnung. Eine junge Familie mit damals 2 kleinen Kindern.
Eine kleine Küche.
Wir kochen alles selber, vegetarisch, ökologisch korrekt, soweit man es als kleine, junge Studentenfamilie kann.

Und dann merken wir, dass wir nicht alleine sind in der Küche.
Es wird mitgegessen.

Der nach vorne geschobene Kühlschrank bringt es an den Tag: hunderte von Kakerlaken.
Nach diversen Gesprächen - von: „die bekommt ihr nie weg!" über den Tipp meines Vaters: „einen Teller mit Fisch mit einer Zeitung zudecken, über Nacht auf den Boden stellen, und am Morgen draufhauen, was das Zeugs hält" bis zur Drohung unseres Vermieters: „ab der 7.Generation können diese Biester fliegen!" - haben wir uns an einem Abend mit 2 Sprühdosen eines hochkonzentrierten Insektengiftes und einem Staubsauger bewaffnet in den Kampf mit den Kakerlaken begeben:
Einer schiebt den Kühlschrank zur Seite und schaltet den Staubsauger an, der andere sprüht die Tiere ein, bis sie benebelt auf dem Boden liegen und via Staubsauger entsorgt werden können.

Dabei im Hinterkopf die nächste Horrorstory: „bevor die Weibchen durch Gift sterben, legen sie noch Eier, die schon gegen das Gift immun sind."

Diese Aktion geht an die Nerven.

Und einige Wochen später sind sie wieder da ... unsere Untermieter.
Wir wiederholen die Aktion.

Als die Tiere das dritte Mal wieder nachgewachsen sind und sich wieder hinter unserem Kühlschrank wohlfühlen, ist uns klar, dass ein hochwirksames Nervengift in der kleinen Küche mit den kleinen Kindern, die auf dem Boden herumkrabbeln, nicht geeignet ist, das Problem grundlegend zu lösen.

Da wir zu der Zeit einige inspirierende Bucher über Findhorn[40] – dazu später mehr - gelesen haben, entschließe ich mich zu folgender Aktion:
Ich sitze an einem Abend, im Dunkeln zwecks besserer Konzentration, in der Küche auf dem Boden und rede mit den Kakerlaken.
Erzähle ihnen von meinen Bauchschmerzen bei der Vorstellung, wieder mit Gift und Staubsauger gegen sie vorzugehen. Beschreibe ihnen meine Kinder, die ich auch vor dem Gift verschonen möchte. Und schildere ihnen die Vorzüge der anderen Wohnungen im Haus - die Nachbarn mögen es mir verzeihen.

Und?

Wir hatten in den folgenden Jahren nie mehr Probleme mit Kakerlaken.
Es war auch nicht so, dass wir Leichen gefunden hätten, also das Insektengift eine Art Langzeitwirkung entfaltet hätte.

Sie waren einfach gegangen.

Im Nachhinein denke ich, dass mehrere Gründe dafür sorgten, dass diese Kommunikation funktioniert hat:
Ich bin nicht in feindlicher Absicht gekommen, sondern mit dem Wunsch, eine für beide Seiten tragbare Lösung zu finden.
Ich bin den Kakerlaken auf Augenhöhe begegnet – ich habe keine Befehle erteilt, sondern unsere Sicht der Dinge geschildert und versucht, ihre Sicht zu verstehen.
Und ich habe diese Kommunikation vollkommen ernst genommen.

Ob die Kakerlaken mein Deutsch verstanden haben? Ich weiß es nicht.
Aber mein Anliegen müssen sie verstanden haben.

Seit damals bin ich überzeugt davon, dass Kommunikation nicht nur zwischen Mensch und Hund oder Katze möglich ist. Und dass sie unabhängig ist von der Größe des Gehirns.

Das Tier an sich
   oder
   der Rat des Fachmanns

Jede Tierart auf der Welt hat seine besondere Fähigkeit: der Gepard kann am schnellsten rennen, der Fisch am längsten unter Wasser bleiben, der Eisbär in den kältesten Regionen überleben.

Das heißt, wir haben es mit Spezialisten, mit Fachleuten auf jeweils ihrem Gebiet zu tun.

Wenn ich mich als Mensch in einer besonderen Situation befinde, in der ich mich nicht auskenne, dann frage ich normalerweise einen Fachmann, der mit dem Thema vertraut ist, um Rat. Ausnahmen gibt es natürlich wie überall: vielleicht hast Du zu Zeiten, als die Navigationsgeräte noch nicht erfunden waren, als Beifahrer auch einmal einen dieser Zeitgenossen erlebt, die in einem unbekannten Ort Straße um Straße hoch und runter fahren, statt einmal einen Einheimischen zu fragen.

Aber lassen wir einmal die Ausnahmen links liegen: ich kann in besonderen Situationen zu einem Therapeuten, einem Coach, einem Berater gehen – und ich kann auch, so wie es z.B. Schamanen seit Jahrtausenden machen, sogenannte Krafttiere befragen.

Beispiel:
Ich stehe vor einem Problem, welches sich vor mir auftürmt. Ich sehe keine Möglichkeit, es zu lösen.

Ich setze mich mit einer Trommel hin, schlage den Schamanenrhythmus, der aus einem einfachen schnellen Trommelschlag besteht, ohne Takt, ohne unterschiedliche Rhythmen, ohne hohe oder tiefe

Töne: ein einfaches schnelles Schlagen der Trommel mit der flachen Hand – er wird auch als Reiserhythmus bezeichnet.

Nachdem ich mein Anliegen geäußert habe, stelle ich mir vor durch ein hohes Tor zu gehen.

Und – in diesem Fall – befinde ich mich plötzlich im Gebirge, neben mir eine Gemse. Sie zeigt mir, wie sie von Felsvorsprung zu Felsvorsprung springt, wie sich ihr von oben die Welt zeigt, wie klein Dinge werden, die vorher riesig aussahen, sie zeigt mir, wie warm sich der Fels anfühlt, wenn die Sonne ihn bescheint und ich mich dagegen lehne. Und sie zeigt, wie viel Spaß es machen kann, so eine Felswand zu erklimmen.

Dies ist zugegeben ein einfaches Beispiel.

Es soll auch nur erklären, wie eine Kommunikation mit einem Krafttier stattfinden kann. In den allermeisten Fällen erfolgt diese nicht per Sprache, sondern durch Bilder. Ich stehe in der Situation des Tieres und erlebe, wie dieses Tier sich in dieser Situation behauptet. Und lerne darüber, wie ich selber meine Situation meistern kann.

Es ist dabei wichtig, offen zu sein für das jeweilige Tier, welches einem als „Fachtier" entgegen kommt: auch wenn sich die meisten einen Adler, einen Löwen oder einen Delphin als Krafttier wünschen, ist es möglich, dass vielleicht eine Ameise, eine Schnecke oder eine Spinne die besseren Hinweise in der jeweiligen Situation geben können. [41]

Und: auch wenn ich eventuell zu Beginn überhaupt nicht verstehe, was das Krafttier mit meinem Anliegen zu tun hat: hier gilt eine Erfahrung, die jeder

Hundebesitzer sicher bestätigen kann: die Tiere lassen sich nicht hinter's Licht führen. Sie sehen oft viel klarer als ich, was wirklich hinter meinem Anliegen steckt, welches Problem ich vielleicht noch vor mir verberge.

Übrigens:
Der Reiserhythmus hat, soweit ich es verstehe, nicht die Aufgabe, die Tiere „hervorzulocken", sondern er versetzt *mich* in eine Schwingung, die es *mir* erleichtert, offen zu sein.

Und auch hier gilt, wie schon mehrfach in diesem Buch geschrieben: dadurch, dass Zeit, Ort und Materie keine unüberbrückbare Schwelle darstellen, ist die Kommunikation auch mit Tieren, die in exotischen Ländern oder in den Tiefen des Meeres beheimatet sind, direkt möglich.

**Der informative Furz
   oder
   bodenständige Gespräche**

Uns waren bestimmte Arten der Kommunikation bei Tieren bis vor kurzem nicht bekannt: weil uns die entsprechenden Sensorien fehlten und wir auch keine technischen Mittel hatten oder sie nicht einsetzten, um die Kommunikationsmedien der Tiere wahrnehmen zu können.

Einerseits ist der Tanz der Bienen seit Jahrzehnten bekannt und analysiert.
Aber es hieß immer: „stumm wie ein Fisch" oder „plappern wie ein Papagei".

Heute weiß man um den Walgesang – war dieser auch schon bekannt, als es noch keine Unterwassermikrophone gab? [42]
Vor noch nicht so langer Zeit habe ich gelesen, dass sich Heringe über Furzen unterhalten [43].

Und auch das Törö der Elefanten hat lange Zeit über andere Formen der Elefantenkommunikation hinweggetäuscht: erst seit wenigen Jahren ist bekannt, dass sich Elefanten in der Freiheit über eine Entfernung von bis zu 10 Kilometer miteinander austauschen über Gefahren, über Futterplätze, über Paarungsbereitschaft. Der sendende Elefant gibt dabei per Rüssel sehr tiefe Töne im Infraschall-Bereich – es sollen die tiefsten Töne im Tierreich und für uns Menschen normalerweise unhörbar sein - in den Boden. Diese Töne sind noch in einer Entfernung von 50 Kilometer nachweisbar. Der hörende Elefant nimmt diese Töne per Rüssel und feinen Druckrezeptoren in der Fußsohle auf. Bis zu 100 Individuen kann ein Elefant dabei an der Stimme unterscheiden.

Tiere verständigen sich aber nicht nur innerhalb ihrer Gattung: vielleicht hast Du schon einmal vom Eichelhäher gehört: sobald jemand, den dieser Vogel als Gefahr einstuft, seinen Bereich im Wald betritt, fängt er laut an zu rätschen. Seine Mitbewohner im Wald wissen dann Bescheid und bringen sich in Sicherheit.

Welchen Sinn macht es, dass ein Eichelhäher rätscht?

Um sich selbst zu schützen? Da reicht es aus, still zu sein.
Um den Eindringling zu vertreiben? Da reicht es nicht aus zu rätschen – und hat es wahrscheinlich auch zu keiner Zeit. Eine historisch gewachsene Vertreibungshandlung fällt also aus.
Um andere Eichelhäher zu warnen? Diese sitzen wahrscheinlich auch auf Bäumen und sind somit sicher.
Bleibt doch eigentlich nur: der Eichelhäher warnt seine Mitbewohner.

Dies ist altruistisch gedacht und äußerst kommunikativ.

Und noch ein Beispiel: die Blattschneiderameisen[44)].

Vielleicht kennst Du diese Fotos von Ameisen, die Blätter wie Segel auf ihrem Rücken mit sich tragen. Ist Dir bekannt, dass sie diese Blätter weder zum Essen noch zum Bauen benötigen? Sie füttern damit einen Pilz, den sie bei sich in ihren unterirdischen Kammern züchten, pflegen, und essen.

Sie sorgen aufmerksam dafür, dass der Pilz keine Früchte ansetzt, weil er dann anscheinend für sie nicht mehr verwendungsfähig ist, dass der Pilz nicht krank wird, dass er gegen Fressfeinde geschützt ist.

Ich habe keine Vorstellung davon, wie sich dieses Miteinander entwickelt haben kann:

Eine Tierart mit einem zugegeben wirklich sehr kleinen Gehirn versteht, dass sie nicht nur zum Fressen und sich selbst am Leben erhalten auf der Erde ist. Sie frisst nicht nur so lange an dem Pilz, bis beide tot sind. Nein: diese Tierart versteht, was der Pilz selber zum Leben benötigt, und sorgt dafür, dass er leben kann. Die Ameisen sorgen sogar für eine ordentliche Abfallentsorgung.

Hier komme *ich* mit herkömmlichen Vorstellungen nicht mehr weiter.

**Feiger Junggeselle
oder
wo haben Pflanzen ihre Ohren**

Natürlich gibt es auch Kommunikation von Pflanzen untereinander, aber auch zwischen Pflanzen und Tieren sowie zwischen Pflanzen und Menschen.

Seit langem weiß man, dass sich Pflanzen gegenseitig warnen, wenn sie von Fressfeinden angegriffen werden[45]. Oder man weiß, dass sich bestimmte Pflanzen nicht mögen: sie im Garten nebeneinander zu setzen geht meist nicht gut aus[46].

Und genauso wie eine Mutter oder ein Vater die Kinder zum Essen rufen, so informieren Pflanzen über Farben oder Gerüche die Insekten, dass es was zum Essen gibt. Und durch spezielle Farben oder Gerüche sorgen sie dafür, dass auch nur diejenigen Insekten kommen, die eingeladen sind.

Das Medium ist zwar unterschiedlich, aber die Information ist dieselbe: „Kommt, Essen ist fertig".

Und dann gibt es noch die Kommunikation zwischen Pflanzen und Menschen:

Wenn ich folgende Geschichte irgendwo erzähle, kommt fast immer sofort Zustimmung: „genau das habe ich auch schon erlebt ...":

Unsere Nachbarin hat seit Jahren einen Feigenbaum im Garten. Es handelte sich dabei eher um einen Ohne-Feigen-Baum. Weil es alles Mögliche an ihm gab: einen dicken Stamm, grüne Blätter – nur keine Feigen. Ein richtiger Junggesellen-Baum.

Das ging solange, bis unsere Nachbarin diesem Feigenbaum eines Tages sagte: „und wenn Du im nächsten Jahr keine Früchte trägst, wirst Du gefällt." Im folgenden Jahr wurde ich dann gefragt, ob ich nicht ein paar Feigen abnehmen könne, weil diese Unmengen, die der Baum seither trägt, schier nicht zu verarbeiten sind.

Da hat der Baum genau verstanden, was Sache ist, und hat reagiert.

Ich empfinde es genauso als eine Form der Kommunikation, wenn ich auf unserem Balkon die Kräuter gieße und einen Schwall an leckeren Düften als Antwort und Dankeschön erhalte.

Und noch eine Geschichte von Findhorn[47]:
Im Nordosten Schottlands existiert seit 1962 die Findhorn Community. Es handelt sich um eine spirituelle Gemeinschaft, deren Umgang mit der Natur in den 1960er Jahren, zur Zeit ihrer Gründung, außergewöhnlich war.

In einer Gegend, die nicht gerade für exotische Pflanzen bekannt ist, konnten die Gründer der Community, Eileen und Peter Caddy sowie Dorothy MacLean in ihrem Garten Pflanzen, die sehr spezielle Bedingungen benötigten, anbauen, indem sie mit ihnen über ihre so genannten Pflanzen-Devas[48] in Kontakt traten. Die Pflanzen gaben konkrete Hinweise, wie sie gepflegt werden wollten, und dies wurde dann erfolgreich umgesetzt.

Pflanzenneurobiologen setzen sich mit den Fähigkeiten von Pflanzen auseinander und kommen inzwischen zu Aussagen wie „„„Pflanzen können sehen, hören, fühlen"[49], obwohl man bei ihnen weder Ohren, Augen noch Gehirn finden kann.

Wie tot ist ein Motorrad
oder
nächtliche Gespräche mit der Nähmaschine

Sprechen mit Tieren: ja. Zur Not auch noch mit Pflanzen – das kann man sich gerade noch vorstellen. Schließlich leben diese ja.

Aber auch mit Gegenständen kann man sprechen – es gibt genügend Motorradfahrer, die mit ihren Maschinen reden wie mit guten Kumpels. Oder PC-Anwender: sitzen vor ihren Kisten und schmeicheln: „na komm schon" oder fluchen. Beispiele erspar ich mir hier.

Wahrscheinlich würden die meisten ablehnen, dass diese Gespräche ernst gemeint seien oder irgendwelche Ergebnisse haben könnten.

Aber: ich kann mich an meine Studentenzeit erinnern. Ich hatte in einer chemischen Fabrik einen Job für die Semesterferien gefunden. In einer Nacht mussten wir zu zweit auf Tempo ein ätzendes Gel in 25-kg-Säcke abfüllen, diese wiegen, sie danach mit einer Handnähmaschine, die an der Decke befestigt war, zunähen und auf Paletten stapeln.

Schweißtreibend, aber machbar, solange die Nähmaschine mitmachte. Nur: diese machte nicht. Aussetzer, Fadenriss, Nähte, die man leicht aufziehen konnte.

Bis ich anfing, mit ihr zu reden: „komm, das schaffen wir" oder: „so alt bist Du doch noch gar nicht". Alles Mögliche, was mir so einfiel, um das Gerät zu motivieren.

Im direkten Vergleich mit meinem Kollegen konnte ich feststellen: bei mir hat sich die Fehlerquote der Nähmaschine signifikant gesenkt, während sie bei ihm gleich blieb - und er einen Großteil der Nacht weiterhin mit Fluchen zubrachte.

Natürlich kann man dies mit allem möglichen erklären: dass ich durch das Reden mit der Nähmaschine mich anders verhalten habe, dass ich mir dies alles nur eingebildet habe, zudem es ja auch keine statistische Begleitung dieser Nachtschicht gab, dass es nicht per Doppelblindversuch und einer großen Anzahl Nähmaschinen und anderen Anwendern nochmals nachgestellt wurde, es sich also auch bei eventuell richtiger Beobachtung wahrscheinlich um einen nicht erwähnenswerten Einzelfall handle.

Aber das führt mich zur Frage:
bei einer Beziehung zwischen zwei Menschen, egal ob zwischen Eltern und Kindern, Liebespartnern, Chef und Arbeitnehmer, Lehrer und Schüler - ist es für Beobachter selbstverständlich, dass es sich hier um Einzelfälle der Kommunikation handelt. Dass es hier Besonderheiten gibt, die in der Eigenheit der einzelnen Individuen begründet sind.

Inwiefern können auch Gegenstände, zumal wenn sie maschinell hergestellt sind, eines wie das andere, individuell sein?

Ich erinnere mich an solche Begriffe wie „Montagsautos", also Autos, die auf Grund ihrer großen Fehlerhäufigkeit auffallen und die angeblich am Montag früh hergestellt werden, wenn die Arbeiter nach dem Wochenende noch nicht alles wieder im Griff haben. Ich weiß nicht, ob irgendwann einmal nachgeprüft wurde, ob es sich hier wirklich um Autos handelt, die am Montagmorgen hergestellt wurden, oder –

wie es die Engländer sagen – eher um Freitag Nachmittags-Autos. Wenn doch alle industriell hergestellten Geräte wie ein Ei dem anderen gleichen würden, wäre es ja nicht nötig, dass Stiftung Warentest bei ihren Tests öfters mehrere gleiche, an unterschiedlichen Stellen gekaufte Produkte mit denselben Methoden untersucht, um eine Grundaussage machen zu können.

Und wenn wir schon über Gegenstände, die normalerweise als tote Materie bezeichnet werden, sprechen, möchte ich auch nochmal Steine heranziehen. Sie sind ja für viele *der* Inbegriff der toten Materie.

Im Death Valley in der Mojave-Wüste, USA, zeigen diese toten Steine sehr deutlich, wie lebendig sie sein können: zumindest konnte bisher noch niemand schlüssig erklären, wie es kommt, dass dort herumliegende, bis zu 350 kg schwere Gesteinsbrocken wandern: über zig Meter, manchmal schnurgerade, manchmal gewundene Wege[50].

Aber auch in kleinerem Stil bei uns zeigen die sogenannten nachwachsenden Steine, dass da einiges in Bewegung ist[51].

Wenn ich an die angeblich so stummen Fische oder die oben beschriebene Elefantenkommunikation denke, dann ist es vielleicht nur eine Frage der Zeit, bis wir entsprechende Möglichkeiten gefunden haben, auch die Kommunikation der Steine wahrzunehmen.

Es gibt eine relativ große Zahl an Menschen, für die die Erde im wahrsten Sinne des Wortes eine Mutter ist. Und Mütter sind normalerweise ganz schön lebendig.

Die Erde, von manchen auch Göttin Gaja genannt, schenkt uns die Möglichkeit festen Boden unter unseren Füßen zu haben, Pflanzen anzubauen, Häuser zu errichten, uns zu bewegen.

Indem wir sie mit unseren Abfällen aller Art beschmutzen, zeigen wir ihr wenig Dankbarkeit. Wir machen sie krank.

Geomanten[52)] sind Menschen, die mit der Erde in Kommunikation treten. Sie gehen z.B. davon aus, dass auf der Erde sogenannte Laylines verlaufen, Kraftlinien, an deren Kreuzungen oft Kraftorte liegen, deren Schwingung von entsprechend sensiblen Menschen wahrgenommen werden kann.
Oft wurden in früheren Zeiten auf diesen Kraftorten rituelle Stätten eingerichtet, in christlicher Zeit dann auch große Kirchen.

Sogenannte Steinsetzungen, auch Lithopunktur genannt, werden von Geomanten genutzt, um eine Erdheilung an einem Ort oder einer Region vorzunehmen: es hört sich für mich an wie Akupunktur: statt Nadeln werden mit Mustern versehene Steinsäulen in die Erde gesetzt, um die Umgebung zu harmonisieren.

Und wie ist die Kommunikation mit „Immateriellem"?
z.B. Wind oder Feuer?

Wenn es eine Unterscheidung zwischen Materiellem und Immateriellem nicht gibt – dann muss doch auch hier Kommunikation möglich sein.

Beispiel:

Die Feuerflüsterer
   oder
     der Tanz auf dem Feuer

Du hast sicher schon von Feuerläufen gehört:
Holz wird aufgeschichtet und angezündet. Wenn das Feuer heruntergebrannt ist, wird die rotglühende Glut auseinandergebreitet.

Dann steht man im Kreis um diesen Glutteppich.
Bei uns waren Kinder, Jugendliche und Erwachsene dabei.
Alle mit einem mulmigen Gefühl.

Wir hatten uns bereits vorher mit Liedern und verschiedenen Übungen auf das Feuer eingestimmt. Aber jetzt wurde es konkret – komme ich in Kontakt mit dem Feuer? Spüre ich den Moment, in dem es mir sagt: „Komm"?

Ich kann Dir nicht beschreiben, wie ich diesen Moment gespürt habe – aber plötzlich war für mich klar: ich habe ein Signal, eine Aufforderung vom Feuer erhalten: „jetzt kannst Du gefahrlos gehen".

Und dann bin ich gegangen.
Über die heiße Glut.
Und ohne Verletzung.

Übrigens: wenn Du keine Aufforderung vom Feuer bekommst und dennoch gehst, kann es passieren, dass Du massivste Brandverletzungen erhältst.

Diese Beispiele kreisen immer wieder um die Frage: mit welchen Mitteln kommuniziere ich und mit welchen Mitteln kommunizieren andere, untereinander und mit mir.

Pendeln
oder
Kommunikationsstörungen

Ich habe schon im Zusammenhang mit Allergien vom Pendeln gesprochen.

Es ist für mich ein Kommunikationsmittel. Und zwar das einfachste: weil es nämlich zunächst nur zwei Antworten anbietet: ja und nein.

Erfahrene Pendler wissen, dass wesentlich mehr Antworten möglich sind, aber für Anfänger gilt: ja oder nein.

Und wenn ich etwas wissen möchte, dann muss ich logischerweise die Frage so stellen, dass die Antwort *ja* bzw. *nein* lautet.

z.B. nachts um sehr spät, da frage ich dann schon manchmal unsere Balkonpflanzen: „braucht ihr noch etwas zum Trinken?" Dann richte ich mich aus auf die Pflanzen. Ich persönlich mache dies ebenfalls mit dem Pendel, worüber ich erkenne, wenn die Kommunikation „steht". Dabei frage ich die Pflanze, ob sie bereit ist, mir zu antworten, begründe manchmal, warum ich frage oder entschuldige mich, wenn es extrem spät ist: so wie ich es auch beim meinem Nachbarn machen würde, wenn ich ihn um Mitternacht rausklingle, um zu fragen, ob er seine Musikanlagen auszuschalten vergessen hat, als er ins Bett gegangen ist.
Und dann erhalte ich die Antwort.

Es gibt viele Einwände und Vorbehalte gegen das Pendeln.

Da es sehr empfindlich reagiert, können natürlich Störungen jeder Art das Ergebnis verfälschen: wenn ich z.B. zu müde bin und die Pflanzen eigentlich nicht mehr gießen möchte – und dann einfach nicht auf die Antwort der Pflanzen warte sondern mit meinen Wünschen den Pendelausschlag beeinflusse.

In unserer vertrauten Umgebung wissen wir um die verschiedenen Informationsquellen: ob ich mir meine Nachrichten aus einem Revolverblatt hole oder auf seriösere Magazine zurückgreife, ob ich bei politischen Fragen eher eine Zeitung aus dem rechten oder dem linken Parteienspektrum zu Rate ziehe.

Informationen sind nicht per se ehrlich und „objektiv". Auch nicht, wenn ich sie z.B. durch Pendeln erhalte.

Ich muss mich mit der Quelle meiner Informationen vertraut machen.

Pendeln erfordert Achtsamkeit, Wissen um eigene Wünsche, Ängste, Gefühle, sowie Hören auf den anderen, den Befragten, Vermeiden von Doppeldeutigkeiten und möglichst saubere Formulierungen.
Ein ständiges Üben, und selbstverständlich auch immer wieder mal eine Fehlerquelle.

Aber wie oft passiert es auch in einer verbal geführten Kommunikation, dass man die Antwort des Gesprächspartners nicht hört, weil die Gedanken schon woanders sind, oder weil man auf ein Reizwort reagiert und den Rest nicht mehr wahrnimmt.

Ich hör' da was
oder
is there anybody out there?

Ein langer Arbeitstag geht zu Ende.
Endlich ins Bett, die Füße hoch, die Augen zu.

Und dann:
„Hey Sam".
Aufstehen, rüber ins Zimmer zum Meister Eli:
„Meister, Du hast mich gerufen."
„Nö"
„Nö?"
„Nö"

Also zurück ins Bett, die Füße hoch, die Augen zu.
„Hey Sam".
Aufstehen, rüber ins Zimmer zum Meister Eli:
„Meister, Du hast mich gerufen."
„Nö"
„Nö??"
„Nö"

Wieder zurück ins Bett, die Füße hoch, die Augen zu.
„Hey Sam".
Aufstehen, rüber ins Zimmer zum Meister Eli:
„Meister, Du hast mich gerufen."
„Nö"
„Nö???"
„Wart mal, Sam. Wenn ich Dich nicht rufe, aber Du trotzdem hörst, wie Dich jemand ruft, dann muss Dich jemand anderes rufen. Das nächste Mal sagst Du in Deinem Bett: „Ja Herr, ich höre Dich, was möchtest Du?"".

So geschehen vor ungefähr 3.100 Jahren.
So (naja, fast so) steht es in der Bibel[53].

Es hat immer Menschen gegeben, die etwas hörten, was andere um sie herum nicht hörten. Oder gesehen, was ihre Umgebung nicht gesehen hat.

Johanna von Orleans hat auf Basis ihrer Visionen einen Krieg geführt. Und gewonnen.

Die Visionen Hildegards von Bingen, einer sehr intelligenten Frau, in ihrer Zeit auf politischem und medizinischem Feld hoch anerkannt, Äbtissin, stoßen heute wieder auf großes Interesse.

Die Kinder von Fatima, die drei Weissagungen erhielten und dabei die Gottesmutter Maria sahen, sind weit bekannt.

Im Gegensatz zu früheren Zeiten, als dieses „Stimmen hören" in den religiösen Bereich eingebunden war[54], tut man heute besser daran, diese Fähigkeit nicht zu groß an die Glocke zu hängen, wenn man sein Leben weiterhin außerhalb von Psychatriemauern und ohne Psychopharmaka verbringen möchte.

Sam wurde übrigens später unter dem Namen Samuel einer der bedeutendsten Führer der Israeliten.

Kommunikationsinhalte
oder
mein Penis ist größer

Wenn ich feststelle, dass die uns *bisher* bekannten Kommunikationswege von Tieren und Pflanzen *so* äußerst unterschiedlich sind, dass wir sie zum Teil erst seit kurzem mit unseren technischen Möglichkeiten überhaupt wahrnehmen können, dann vermute ich, dass es da draußen noch eine vielleicht unendliche Anzahl von Kommunikationsmöglichkeiten gibt, wie wir sie uns bisher nicht vorstellen können.

Und nicht nur Menschen, Tiere und Pflanzen betreiben ja untereinander Kommunikation, sondern – wie ich versucht habe darzustellen - auch Steine, Maschinen, Wetter[55)] und letztendlich alles, was mit mir hier in diesem Universum lebt.

Solange wir diese Medien nicht wahrnehmen, können wir überhaupt nichts Sicheres sagen über den Inhalt dieser Kommunikation.
Aber auch *wenn* wir Kommunikation wahrnehmen, können wir nicht unbedingt etwas über ihren Inhalt sagen:

Beispiel:
Seit den 1930er Jahren gibt es Unterwassermikrophone, mit denen erstmals Walgesang aufgenommen werden konnte.
Zuerst war es überhaupt ein Schritt, bis diese eigenartigen Töne den Walen zugeordnet wurden.

Dann hat es noch bis in die 1970er Jahre gedauert, bis man Konsequenzen aus den gefundenen Tatsachen zog: noch 1972 konnte ernsthaft behauptet werden, dass Wale nicht riechen, nicht schmecken, schlecht sehen und nicht hören können[56].

Andererseits wird schon seit längerem die Intelligenz von Delphinen und Walten relativ hoch eingeschätzt, bei manchen Forschern stehen diese Tiere bzgl. ihrer Intelligenz über den Menschenaffen[57].

Wenn ich dann sehe, dass man die Kommunikation von Tieren wissenschaftlich oft nur unter zwei oder drei Aspekten interpretiert: Rivalen vertreiben, Sexualpartner/In suchen und imponieren, und evtl. noch Fressen in der Gruppe zusammentreiben – dann sagt dies vielleicht mehr über die Wissenschaftler aus, als über die Tiere.

Wenn der Walgesang z.B. als langweilig beschrieben wird, weil sich die – z.T. über Stunden hinweg gesungenen - Strophen nicht oder nur geringfügig verändern, dann wird daraus auf den „langweiligen" Inhalt des Gesangs zurückgeschlossen. Aus der Tatsache, dass die Gesänge der Wale seit den 1960er Jahren immer tiefer wurden, schließt man als nächstes messerscharf, dass die männlichen Wale so den Weibchen zeigen, dass „man" mehr Stimm- und damit Atemvolumen hat, also ein toller Hecht ist, und der Wal mit der tiefsten Stimme damit der sexiest whale alive ist.

Vielleicht sind dies aber alles nur die Projektionen der Wissenschaftler: ich kann mir nicht vorstellen, dass diese angeblich so intelligenten Tiere stundenlang durch den Ozean pflügen und dabei nur singen: ich bin so geil, ich bin so geil ….

Angenommen, Wale hätten eine Kommunikationsart „per Video" entwickelt – eine telepathische Form, sich Filme zuzusenden. Und das, was wir wahrnehmen, nämlich der monotone Gesang, hat eine völlig andere Funktion[58] – dann stimmt unsere gesamte Vorstellung von Walen nicht. Zumindest habe ich keine Studie bzw. Statistik gefunden, die zeigt, dass männliche Wale mit tieferem Gesang mehr Sexkontakte haben als ihre hochtönenden Artgenossen.

Und: wenn ich aus dem monotonen mantrischen Gesang asiatischer Mönche auf deren Intelligenz schließe, dann bin ich entschieden auf dem Holzweg. Wenn ich dann vielleicht noch vermute, dass sie, da sie ja keine Frauen bei sich haben, diese Gesänge verwenden, um auf Brautschau zu gehen, dann habe ich gar nichts verstanden. Und wenn ich dann aus der Stimmlage der gesungenen Mantren auf die – etwas konkret ausgedrückt – Penisgröße der Mönche zurückschließe ...

Bei Tieren erlauben wir uns diese Denkmuster.

Für mich folgert daraus: wenn mir jemand davon erzählt, dass er oder sie Zwerge sieht, oder mit Engeln spricht, oder die Energie von Heilsteinen bestimmten Krankheiten zuweist, dann kann ich das nicht verifizieren. Ich kann es glauben oder nicht. Und ich kann mir *für mich* Kriterien bilden, ab wann ich jemandem glaube oder nicht.

Aber wenn ein Wissenschaftler vor mir steht, und mit hochkomplexen Formeln erklärt, warum auf einem Stern, den ich nicht sehen kann, und der sich mit einer Geschwindigkeit x km/sec von mir entfernt, die Zusammensetzung der Atmosphäre zu y % aus Ammoniak besteht, dann kann ich das auch nur noch glauben oder nicht.

Auch wenn 5 weitere Wissenschaftler auf der Welt zu demselben Ergebnis kommen, sagt dies nichts aus. Genauso wenig, wie wenn mir jemand erzählt, er spricht mit Engeln, und es gibt 5 weitere Menschen auf der Welt, die dies bestätigen.

Kommunikationsstörungen oder wie wedelt der Hund?

In den Urzeiten der Computer, als ein Bildschirm noch die Hälfte des Schreibtisches ausfüllte und mindestens 15 Kg wog, kam es angeblich bei einer Hotline für Computerprobleme zu folgendem Gespräch:

„bitte sagen Sie mir, was auf Ihrem Bildschirm steht".
„Wofür wollen Sie das wissen?"
„Um Ihnen helfen zu können."
„Ja, da steht meine Tasse Kaffee drauf."

Kommunikationsstörungen gibt es in Unmengen, auf Grund der verschiedensten Auslöser:
- Fremdwörter z.B. im ärztlichen Gespräch,
- schlechte Aussprache, wenn ein Kaugummi die Mundbewegungen schon anders besetzt hält,
- Reizwörter die die üblichen Kommunikationsstrukturen völlig auflösen[59],
- u.s.w.

Dann gibt es noch die ganz radikale Kommunikationsstörung: das Gespräch ist abgebrochen – ob kurzfristig auf Grund des leeren HandyAkkus oder langandauernd auf Grund von Desinteresse am Anderen, z.B. in langjährigen Beziehungen.

Wie oft kommt es vor, dass jemand aus einem Gespräch geht und sagt: „ich fühle mich nicht verstanden" – obwohl der Gesprächspartner sich sicher ist, alles richtig aufgenommen zu haben.

In unserer Alltagskommunikation wissen wir darum, und gehen mehr oder weniger bewusst damit um.

Wenn mir ein Hund mit seinem linkswedelnden Schwanz mitteilt, dass er im Moment nicht gut drauf ist, dann hat er seine Schuldigkeit getan und mich gewarnt.
Wenn ich diese seine Information[60] nicht verstehe, dann liegt es an mir, wenn ich gebissen werde.

Wenn meine Partnerin mir nicht mehr von ihrem Tag erzählt, weil ich nicht zuhöre, oder meine jugendlichen Kinder einen Slang benutzen, damit ich ihnen nicht zuhöre, dann ist dies bekannt und anerkannt.

Diese Toleranz Kommunikationsstörungen gegenüber sollte meiner Meinung nach allen Kommunikationsformen gegenüber gelten.

Also auch der Kommunikation z.B. per Pendel: die Tatsache, dass auch hier die Kommunikation nicht zu 100 Prozent korrekt ist, wird statt dessen leider oft als Beweis dafür genommen, dass diese Kommunikationsform per se nicht ernst genommen werden kann.

Danken
　　oder
　　　Du, ich sehe Dich!

Du erinnerst Dich? Auf Seite 35f habe ich schon einmal auf das Danken hingewiesen.

Es hat für mich eine zentrale Bedeutung, denn Danken heißt für mich:
- sehen, wie der Andere für mich da ist
- sehen, dass, egal was er macht oder nicht macht, er etwas für mich bewirkt.

Zur Verdeutlichung:

ich stelle mir ein großes Fischernetz vor, mit den vielen beweglichen Kontaktstellen. Alle Wesen, die mit mir in diesem Universum leben, sind in diesem Netz dargestellt. Alle miteinander in Kontakt.

Und wenn auch nur einer aussteigt oder sich anders verhält, verhält sich das ganze Netz anders.

Ein Tag Regen weniger verhindert vielleicht die große Überschwemmung, eine Banane mehr führt vielleicht zu meinem Ausrutschen, ein umstürzender Sack Reis in China ....

Dass ich hier, an meinem Ort, so lebe und so leben kann, wie ich es tue, ist nur möglich, weil jedes Leben in diesem Universum so da ist, wie und wo es ist.

Und weil ich dankbar bin für dieses mein Leben, deswegen danke ich jedem Wesen, was mit mir hier lebt.

Mit dem Dank sage ich: „ich sehe Dich, ich sehe, wie Du da bist für mich, ich freue mich, dass Du da bist."

Es fehlt noch einiges
oder
Nachgedanken

Ich wünsche mir, dass Dir bei der Lektüre klar geworden ist:
Ich möchte nichts beweisen – das passt nicht zu der Weltsicht, die ich mit diesem Buch skizziert habe, in der sich jeder „seine Welt" zusammenstellen kann und zusammenstellt:

hier hat jeder seine eigene Objektivität, bzw. da es meiner Ansicht nach ja keine Objekte gibt und geben kann, hat hier jeder seine eigene Subjektivität – und ich kann jemandem, der etwas nicht glauben kann oder will, weil er es nicht wahrnehmen kann, nichts beweisen.

Ich wollte Dir zeigen, was *meine* Welt in ihrem Inneren zusammenhält.

Dies habe ich versucht mit einer Theorie, die für mich stimmig ist.

Natürlich hätte ich für meine Gedanken viel mehr Beispiele, Belege sowie Verweise noch und nöcher vorlegen können, - wenn Du dies suchst: dafür gibt es viele gute und gut recherchierte Bücher. Meines Erachtens ist dies aber nicht nötig.

Mir ist auch bewusst, dass ich eine Menge an Themen nicht angeschnitten habe: einiges ergibt sich meiner Meinung nach von selbst, bei Anderem denke ich: vielleicht bleibt noch genug für ein weiteres Buch.

z.B. fehlt:
- der Tod oder: kann Bewusstsein sterben?
- wie stelle ich mir Energie vor
- und wo sind die Emotionen
- Schuld und Sühne, Leid, also Gedanken zu Karma und Rechtfertigungslehre
- Mehrdimensionalität,
- Mathematik, ihre Basis und Aufgabe,
- Altern
- Besitz, Geld

So wie ich in diesem Buch ausgeführt habe, nimmt jeder, der mit mir in diesem Universum lebt, aus der unendlichen Fülle an Informationen, ausgesendet von einer unzählbaren Menge an bewussten Wesen, diejenigen Informationen heraus, die ihm und seiner Aufgabe in diesem Universum entsprechen.

Das heißt: ich erschaffe mir meine Welt, ich nehme in sie hinein, „was ich will": ob angebrannte Pommes, unfreundliche Busfahrer, Computerviren, Terroristen, hilfsbereite Nachbarn, gefüllter Kühlschrank.
Da dies *meine* Welt ist – und nur (!) meine: jeder andere hat *seine* eigene Welt, mit eigenen Farben, Düften, Kühlschränken – trage ich auch die Verantwortung für sie. Daraus folgert aber auch direkt: ich bin *in keinster Weise* Opfer meiner Umwelt, sondern in der Lage, meine Situation Schritt für Schritt zu verbessern, weil ich das, was ich in meiner Welt vorfinde, ändern kann.

Was *uns beiden* bleibt?
wir können uns abends am Lagerfeuer zusammensetzen und uns gegenseitig erzählen.

Ich bin gespannt auf Deine Erzählung.

Mein Glas ist leer
    oder
       der Kreis schließt sich

Jetzt ist er doch erheblich länger geworden, mein Monolog.

Ich danke Dir, dass Du mir bis hierher gefolgt bist, egal, ob zustimmend oder nicht.

Ein abschließender Gedanke noch:

Es ist bekannt: Liebe und Hass sind die *eine* Seite der Medaille, quasi unterschiedlicher Ausdruck einer Zuwendungsemotion.
Auf der *anderen* Seite steht: Gleichgültigkeit.

Je mehr *ich* mich öffne für Neues, Anderes, Unbequemes, je mehr *Interesse* ich habe an dem, was mit mir in diesem Meer von Bewusstsein und Leben, in dem ich mich ständig bewege, mit mir zusammen lebt, desto *reicher* ist mein Leben, desto mehr lebe ich.

Und hier schließt sich der Kreis, weil das erste und das letzte Wort im Textteil dieses Buches dasselbe ist:

      Ich lebe, weil ich
         liebe.

Danksagung

Wie habe ich gesagt: Danken heißt für mich: den Anderen wahrnehmen mit dem, wie er in Bezug auf mich unterwegs ist.

Jeder möchte mit dem, was er tut, gesehen und wahrgenommen werden.

Und so danke ich:

- meinen Eltern, weil sie mir das Leben und so vieles mehr schenkten,
- meiner Frau, die mich unermüdlich und mit großer Liebe mit Gedanken und Weltansichten in Verbindung brachte und bringt. Ohne diese Fülle an Anregungen hätte dieses Buch nie entstehen können,
- meinen Kindern – tolle Menschen alle – die mit ihren Diskussionen über Gott und die Welt und ihrer Kritik an meiner Lebenseinstellung der Auslöser für dieses Buch waren,
- Damian und Holger von Basisimpuls, die den letzten Anstoß dazu gaben, dieses Buch fertigzuschreiben,
- Euch allen, die Ihr auf unterschiedlichste Weise zum Entstehen dieses Buches beigetragen habt,

und:

Ich danke Euch allen, die Ihr mit mir in diesem Universum leben: durch Euer so-sein wie Ihr seid, sorgt Ihr dafür, dass ich in einer wunderschönen Wohnung in einer tollen Stadt in einem wunderbaren Land auf der besten aller Welten in guter Luft, mit gesundem Essen, in Frieden leben und denken kann;

Ich danke Euch allen, meinen Zellen, die Ihr mir *Euer* Leben schenkt, sodass *ich* hier meine Erfahrungen sammeln und die Dreidimensionalität erfahren kann.

Und ich danke dem Schöpfer allen Seins, weil er dies alles so wunderbar erschaffen hat.

Segne alles, was mir begegnet,
segne mich und alle, die mir lieb sind,
und segne alles, was von mir ausgeht
dass es zum Besten ist
für mich und für das große Ganze.

Anmerkungen

Um Dir das mühsame Abtippen der Links in den Anmerkungen zu ersparen, findest Du auf der Seite www.fko-hd.de/rot-ist-rot/rot-ist-rot.htm die entsprechenden Links zum Anklicken.

[1] zB http://de.wikipedia.org/wiki/Spektralfarbe

[2] http://www.kunstforschung.net/wiki/index.php5/Innsbrucker_Brillenversuche, bereits 1896 begann der Psychologe George Stratton Experimente mit Umkehrprismen

[3] z.B. http://www.digitalefolien.de/biologie/mensch/sinne/nase.html

[4] Tetrachromasie z.B.: siehe de.wikipedia.org/wiki/Tetrachromat; http://www.gmx.net/themen/wissen/mensch/889bpbw-britin-99-millionen-farben-normaler-mensch

[5] In meinem weiteren Bekanntenkreis gibt es eine Frau, die eingeschaltete Handys wahrnimmt.

[6] im Deutschen wird ja deutlich ausgedrückt, einen Körper zu haben, nicht: ein Körper zu sein.

[7] Bezeichnenderweise gibt es den Begriff „Bewusstsein" im Deutschen nur im Singular.

[8] http://www.palikanon.com/diverses/buddhismus.html

[9] http://www.bibelkommentare.de/index.php?page=studybible&strong=H4325

[10] Gesenius, Hebräisches und Aramäisches Handwörterbuch über das Alte Testament, Artikel מַיִם

[11] http://www.bibelkommentare.de/index.php?page=studybible&strong=H7307

[12] Jes 57,15: „Denn so spricht der Hohe und Erhabene, der in Ewigkeit wohnt, und dessen Name der Heilige ist: Ich wohne in der Höhe und im Heiligtum,..."

[13] und auch im Schöpfungsbericht des Neuen Testaments, in Joh 1,1ff kann ich diesen Gedanken wiederfinden: „Im Anfang war das Wort, und das Wort war bei Gott, und das Wort war Gott. Dies war im Anfang bei Gott. Alle Dinge sind durch das Wort gemacht, und ohne das Wort ist nichts gemacht." Das Wort ist Information in Bewegung – die Information „reitet" auf der Welle zum Empfänger. Und alles, was existiert, ist dadurch erschaffen: durch Information in Bewegung.

[14] Yumiko Tobitani, QSR Quantum Speed Reading, Omega Verlag Aachen, 3.Aufl.

[15] Hier ein Gedanke, der Dir vielleicht erst am Ende des Buches verständlich wird: damit dies nicht passiert – der Tod von Information –, dafür sorgt Gott, die „allumfassende Liebe". Weil er *alles* liebt, kann keine Information verloren gehen: er besiegt damit den Tod, seit Beginn des Universums. Das heißt, nicht erst Jesus hat den Tod überwunden, sondern den Tod hat es in diesem Universum niemals gegeben.

[16] Im Prinzip besteht ein Buch aus weißen Blättern und ganz vielen kleinsten „Orten" darauf, die entweder Tinte haben oder keine Tinte. An oder aus. 1 oder 0. Und im Großen sehe ich dann Buchstaben.

[17] http://de.wikipedia.org/wiki/10-Sekunden-Marke

[18] http://de.wikipedia.org/wiki/Prahlad_Jani

[19] http://www.spiegel.de/gesundheit/diagnose/abnehmen-wer-sich-als-teenager-dick-findet-wird-auch-eher-dick-a-849292.html, vom 15.08.2012

[20] http://www.youtube.com/watch?v=42xg4pkqQRQ

[21] Siehe auch Bruce H.Lipton, Intelligente Zellen, Burgrain, 2006

[22] z.B.: ...Genomforschung ... Sie hat den Bauplan des Lebens entschlüsselt." Herr Professor Ganten, 30.06.2009, http://www.spiegel.de/spiegel/spiegelwissen/d-65886401.html

[23] der Artikel https://de.wikipedia.org/wiki/Angewandte_Kinesiologie gibt einen ersten Überblick

[24] http://www.welt.de/gesundheit/article13553756/Operationen-unter-Hypnose-werden-immer-mehr.html

[25] 1.Auflage erschienen 1987 bei Rowohlt Verlag GmbH, Reinbek bei Hamburg

[26] ich verstehe hier unter Widerstand neben Reibungskraft bei mechanischen Bewegungen besonders die Nebenwirkungen bei Medizin

[27] Mt 17:20

[28] „Mortality was 28.1% (475/1691) in the intervention group and 30.2% (514/1702) in the control group (P for difference=0.4). Length of stay in hospital and duration of fever were significantly shorter in the intervention group than in the control group (P=0.01 and P=0.04, respectively)" http://www.ncbi.nlm.nih.gov/pubmed/11751349 Leonard Leibovici, Effects of remote, retroactive intercessory prayer on outcomes in patients with bloodstream infection: randomised controlled trial; *BMJ 2001; 323 doi:* http://dx.doi.org/10.1136/bmj.323.7327.1450 *(Published 22 December 2001)*

[29] Zum einen ist Aufstellungsarbeit ein so weites Thema, dass eine Beschreibung in diesem Rahmen immer nur Stückwerk bleiben kann,

zum anderen ist sie so gut dokumentiert, dass Literatur – ob im Internet oder als Hardcover – leicht zu finden ist.

[30] Ich bitte um Entschuldigung für diese verkürzte Darstellung: mir ist bekannt, dass Autoren zigtausende Seiten gefüllt haben, um das Familienstellen zu beschreiben.

[31] Lynne McTaggart, Das Nullpunkt-Feld, Wilhelm Goldmann Verlag München, 2.Aufl. 2007, S.160ff, wobei hier diese Versuche dahingehend interpretiert werden, dass die Versuchsteilnehmer die nachfolgende Situation gedanklich beeinflusst haben

[32] www.wikipedia.org, Polyphasischer Schlaf

[33] Arndt Krödel, Wir sind Rhythmus, RNZ, Ausgabe 75 – Ostern 2013, Magazin zum Wochenende, S.1

[34] http://www.tcm24.de/pulsdiagnostik/

[35] Oliver Sachs, a.a.O., S.133u

[36] Gen 2,19f

[37] Gen 1,28

[38] Kennst Du im Alten Testament die Aussage: „Er erkannte sie und sie ward schwanger" ? Gen 4,1: Erkennen steht hier synonym für „miteinander schlafen", also der für uns Menschen intensivsten Form von Liebe. D.h. auch hier, dass durch Gefühle ein Erkennen des anderen möglich wird, und dieses Wahrnehmen kann dazu führen, dass Neues entsteht. Übertragen aus der Beziehung zwischen zwei Menschen auf unsere Wahrnehmung unserer Umwelt verstehe ich dies so: ich nehme meine Umwelt wahr, wenn ich mich ihr mit ehrlichem Interesse nähere, also mich auch emotional öffne. Und dann kann aus diesem Wahrnehmen Neues entstehen: neue Einsichten, neue Schöpfung ...

[39] Ich denke hier z.B. an das bekannte Buch „Bestellungen beim Universum." von Bärbel Mohr

[40] Findhorngemeinschaft, Der Findhorngarten, Berlin, 1981

[41] z.B. Jeanne Ruland, Krafttiere, Darmstadt 2004

[42] http://www.tierenzyklopaedie.de/behrmann/walorientierung.html

[43] http://www.spiegel.de/wissenschaft/natur/dufte-kommunikation-fische-furzen-im-dunkeln-a-272618.html

[44] als Einstieg: http://de.wikipedia.org/wiki/Blattschneiderameisen

[45] http://www.faz.net/aktuell/wissen/natur/chemische-stoffe-in-der-luft-tomaten-warnen-sich-gegenseitig-vor-feinden-12914640.html

[46] ein gute Auflistung von Nutzpflanzen findet sich unter: http://www.mein-gartenbuch.de/mischkultur-nachbarschaft/

[47] siehe Anmerkung 40)

[48] unter Pflanzendevas versteht man Wesenheiten, die die ihnen zugewiesenen Pflanzen in ihrem Sein unterstützen

[49] http://www.stern.de/wissen/natur/pflanzenneurobiologe-pflanzen-koennen-sehen-hoeren-fuehlen-602051.html bzw. http://www.geo.de/GEO/natur/oekologie/die-sprache-der-pflanzen-4880.html

[50] http://de.wikipedia.org/wiki/Wandernde_Felsen

[51] http://www.cosmiq.de/qa/show/1298434/Warum-kommen-auf-einem-Feld-immer-wieder-Steine-an-die-Oberflaeche/

[52] Beispielhaft ist hier Marko Pogacnik zu nennen: http://www.markopogacnik.com/

[53] 1.Sam 3,1-21

[54] ich habe hier zwar nur christliche Beispiele genannt, aber allein das Orakel von Delphi möge darauf hinweisen, dass es auch außerhalb des christlichen Umfelds Visionen gab, die als von Göttern übermittelt galten und hohes Ansehen genossen. Dass dabei die Priesterin während der Session über einem Erdspalt saß und durch Dämpfe in eine Art Trance versetzt wurde, ist m.E. kein Argument gegen diese Vision: Götter dürfen sich für ihre Wunder auch irdischer Möglichkeiten bedienen.

[55] was haben die Regenmacher unter den Schamanen anderes gemacht, als mehr oder weniger erfolgreich mit dem Wetter, bzw in diesem Fall mit dem Regen, eine Kommunikation aufzubauen und an seine Verantwortung zu appellieren

[56] www.tierenzyklopädie.de/behrmann/walorientierung.html

[57] https://www.greenpeace-magazin.de/magazin/archiv/3-07/intelligenz-schlauwale/

[58] ich erinnere nur an die oben geschilderte Elefantenkommunikation: wir hören das Törö und damit ist die Suche nach den Kommunikationsmöglichkeiten erst einmal abgeschlossen.

[59] während ich an diesem Kapitel schreibe, dreht sich in den Medien alles um einen Fall von Kinderpornographie, und ich erlebe: ein Stichwort und die Kommunikationsstrukturen sind kaputt: Unterstellungen, den anderen nicht zu Wort kommen lassen, Veröffentlichen von Informationen, die sich hinterher als falsch herausstellen, Fragen, die bereits beantwortet sind, immer und immer wieder stellen, um aus einem verbalen Ausrutscher den nächsten Aufmacher zu generieren. Jemand sprach von Berichterstattung mit Schaum um den Mund – ein sehr hilfreiches Bild.

[60] http://www.welt.de/wissenschaft/article121419718/Wedelt-der-Hund-links-ist-Vorsicht-angesagt.html: erstaunlich, dass dies erst im Herbst des Jahres 2013 von Wissenschaftlern festgestellt wurde – wie

viel Aufmerksamkeit hat da der Mensch seinem besten Freund zuteil kommen lassen?

Kontakt

Unter der eMail-Adresse rot_ist_rot@gmx.de kannst Du mir schreiben. Sofern es für mich zeitlich und kräftemäßig möglich ist, werde ich antworten.